J. Oswald Sanders

# Männer des Glaubens

## Biblische Lebensbilder



F…
Wolfgang als Ansporn
und zum Segen!
von
Olli
13.12.88

VLM
Verlag der
Liebenzeller Mission
Bad Liebenzell

Die englische Originalausgabe erschien unter dem Titel „Bible Men of Faith“ by H. E. Walter Ltd., West Sussex (England)

Übersetzt aus dem Englischen von Johannes W. Volkert

ISBN 3 88002 267 4


Umschlagfoto: Bruno Schroth
Satz: Fotosatz W. Six, Altötting
Herstellung: St.-Johannis-Druckerei, Lahr-Dinglingen
Printed in W.-Germany

# Inhalt


| | |
|---|---|
| Vorwort | 5 |
| Einführung | 6 |
| David<br>Der Mann nach dem Herzen Gottes | 9 |
| Elia<br>Der Prophet des Feuers | 24 |
| Jesaja<br>Der Prophet, dessen Lippen mit Feuer berührt wurden | 40 |
| Jeremia<br>Der Prophet der Tränen und der Zuversicht | 56 |
| Daniel<br>Der Premierminister unter fünf Königen | 69 |
| Johannes der Täufer<br>Der Prediger, der seine Gemeinde verlor | 82 |
| Petrus<br>Der Kieselstein, der ein Fels wurde | 97 |
| Paulus<br>Der Welt bedeutendster Christ | 111 |
| Paulus<br>Der Welt größter Missionar | 125 |

# Vorwort

Ein weiser Grieche sagte einmal, daß das eigentliche Studium der Menschheit aus dem Studium des Menschen bestehe. Und wer wäre geeigneter als Gegenstand für unser Studium als die Männer, deren Lebensgeschichten durch göttliche Inspiration in der Heiligen Schrift aufbewahrt geblieben ist?

Die vorliegenden Skizzen erheben nicht den Anspruch, eine erschöpfende Behandlung jedes einzelnen Charakters zu sein. Die Absicht des Autors bestand vielmehr darin, die sehr unterschiedlichen Methoden Gottes bei der Vorbereitung und Zurüstung jedes dieser Menschen für die ihm bestimmte Aufgabe bewußt zu machen. Entsprechend biblische Lebensbeschreibungsweise werden die Fehler ebenso offen behandelt wie die Erfolge. Der Schreiber spricht ausführlich über kritische Punkte, die von entscheidender Wichtigkeit sind, und er weist hin auf die Dinge, die auch heute noch beachtenswert sind.

Plato sagt folgendes über das Ausborgen von Gedanken: „Die Bienen sammeln den Nektar von dieser Blume und jener Blüte, überall dort, wo sie ihn finden können; aber sie selber machen danach den Honig, der ausschließlich ihr eigenes Produkt ist. So ist derjenige, der von anderen borgt und alles verarbeitet zu dem, was ausschließlich sein ist, nicht verpflichtet, klarzulegen, woher er seine Materialien hat, sondern nur dazu aufzuzeigen, was er aus ihnen gemacht hat."

Die Aufgabe, das vorliegende Material zusammenzutragen, es zu verwerten und seine Kraft zum Segnen und Helfen in Gemeinden verschiedener Rassen und vor unterschiedlichen Hintergründen zu erproben, war so lohnend, daß sie in dem Autor das Verlangen geweckt hat, die Frucht seiner Studien mit anderen zu teilen. Wo immer es möglich war, wurde dankbar angegeben, woher das geborgte Material stammt, und bei allem übrigen wollen wir hoffen, daß es „uns ganz zu eigen" geworden ist.

Melbourne, Australien, J. Oswald Sanders

# Einführung

Das Bibelstudium hat keine faszinierendere und lohnendere Erfahrung anzubieten als das Wechselspiel zwischen der Vorsehung Gottes und der Persönlichkeit tatsächlich existierender Männer und Frauen. Die Seiten der Bibel sind reich durchsetzt mit Biographien, von knappen Skizzierungen wie der von Jaebez bis hin zu ausführlichen Lebensgeschichten wie der von David. Autobiographien sind ganz natürlich verwoben mit Prophetie und Lehre. Die vielleicht reichhaltigste Goldader wird aufgedeckt, wenn man die Methoden Gottes bei der Zurüstung von Menschen für die ihnen zugedachte Aufgabe und Bestimmung erforscht.

Eine sorgfältige Untersuchung des Lebens der Männer der Bibel bietet hilfreiche Einsichten in die Prinzipien, die einem fruchtbaren christlichen Leben und Dienst heute zugrunde liegen. In ihren Erfahrungen können wir unsere eigenen Erfahrungen wiedererkennen. Ihre schwer errungenen Siege und ihr Geheimnis stehen uns damit zur Verfügung. Wie bei uns geschahen ihre Triumphe durch den Glauben und ihre Fehlschläge durch Unglauben oder Ungehorsam.

Es wird sich zeigen, daß die Methoden Gottes, obwohl unendlich vielgestaltig, gleichbleibend und ewig sind. Gott greift in die Angelegenheiten der Menschen ein und verwebt die verwirrten Fäden menschlicher Erfahrung mit seinem vollkommenen Plan. Der Mensch ist immer frei in seinem Handeln, aber niemals so, daß er Gottes letztendlichen Plan durchkreuzen kann. Durch Halsstarrigkeit oder Versagen mag er seiner Erfüllung eine Zeitlang im Wege stehen, aber er kann Gottes ewigen Plan niemals endgültig zunichte machen.

Es ist gesagt worden, daß Gott bei der Durchführung seiner Pläne mit der Welt immer Menschen brauchte, nicht notwendigerweise edle Menschen oder hervorragende Menschen, aber immer Menschen mit einem wachsenden Glauben. Unter dieser Voraussetzung scheint es keine Grenzen zu geben für die Mühe, die Gott bei seiner Zurüstung auf sich nehmen will. Dabei läßt er sich weder durch Vererbungs- noch durch Umweltschwierigkeiten einschränken.

Unsere Neigung, den Männern der Bibel beinahe übernatürliche Fähigkeiten und Heiligkeit zuzuschreiben, ist ein schwerwiegender Fehler und steht im Gegensatz zu der wiederholten Lehre der Bibel selber. Sie waren Menschen wie wir, oft mit den gleichen Schwächen behaftet, deren Leben nur durch einen über das normale Maß hinausgehenden Glauben außergewöhnlich wurde. Dr. F. B. Meyer äußert den verblüffenden Gedanken, daß sie uns in vielerlei Hinsicht möglicherweise sogar unterlegen waren! Die Erkenntnis ist hilfreich, daß sittliches und geistliches Wachstum des Christen im Zeitalter der Weltraumfahrt dieselben Stadien durchlaufen, denselben Schwierigkeiten begegnen und durch dieselbe freie Gnade Gottes gefördert werden muß. Die Erfahrung jener Männer einer vergangenen Zeit kann eine Quelle der Inspiration für den Kampf der Christen inmitten der Prüfungen des heutigen Lebens sein.

Die Biographien der Bibel sind nicht nur Geschichte, sondern unter einem bestimmten Gesichtspunkt und mit einer bestimmten Absicht ausgewählte Geschichte. Die Hand Gottes kann deutlich in der vorausschauenden Auswahl der berichteten Tatsachen wahrgenommen werden. Nicht weniger bemerkenswert als das Gesagte ist das Weggelassene. Nichts von bleibendem, sittlichem und geistlichem Wert wird ausgelassen, und nichts Belangloses oder Unbedeutendes wird eingefügt.

Für die meisten weltlichen Biographien gilt, daß das Beste niedergeschrieben und Versagen entweder ausgelassen oder nur flüchtig gestreift wird, obwohl diese Tendenz heute nicht so ausgeprägt ist wie noch vor einem halben Jahrhundert. Die Bibel ist sorgfältig darum bemüht, die ganze Geschichte zu erzählen. Sie schildert einen Menschen genauso, wie er war. Grobe Fehler werden nicht beschönigt. Die einfachen, ungeschminkten Tatsachen werden in offener Weise, ohne jeden Versuch der Übertünchung, berichtet. Die Bibel bezeichnet Noah als einen „Prediger der Gerechtigkeit", verschweigt jedoch nicht die eine Ausschweifung, die so schreckliche Folgen hatte. Sie erzählt die Geschichte von Abraham, dem Vater des Glaubens, aber übergeht nicht das Versagen seines Glaubens. Sie beschreibt die Herrlichkeit des Salomo, dessen Weisheit sprichwörtlich war, zeigt jedoch auch die Torheit seiner späteren Jahre.

Unser Bibelstudium wird die Beobachtung bestätigen, daß es in jedem Leben eine ganz spezifische Erfahrung gibt, die den Angelpunkt bildet, um den sich dieses Leben dreht. Diese schwierige Prüfung, diese kritische Begegnung mit Gott verleiht allem Folgenden seine Bedeutung. Das Gewinnen eines einzigen bemerkenswerten Sieges, das Erleiden einer einzigen tragischen Niederlage ist die Wasserscheide des Lebens und bestimmt seinen weiteren Verlauf zum Positiven oder zum Negativen. Das ist die erwartete Lektion biblischer Lebensbeschreibung.

Zwei große Kanzelredner, die höchst eindrücklich über Menschen der Bibel predigten, waren Dr. F. B. Meyer aus England und Dr. C. E. Macartney aus Amerika. Beide unterstrichen die Wirksamkeit und den Wert dieser Methode. „Zur Erneuerung einer schrumpfenden Gemeinde", so sagte Meyer, „zur Erhaltung des Interesses in einer überfüllten Versammlung, zur Erweckung einer neuen Liebe zur Bibel und zur Behandlung vieler Lebensfragen gibt es nichts, das sich mit den Berichten über biblische Menschenschicksale vergleichen ließe."

Clarence Macartney berichtete, daß er in seiner ersten Pfarrstelle die wichtige homiletische Entdeckung machte, daß die Menschen gerne Predigten über Menschen der Bibel hörten und daß der Prediger über diese natürlicher, fließender und praktischer sprechen könne als über irgendein anderes Thema. Der große Vorteil einer solchen Predigtweise war, daß man sozusagen diese Männer der Bibel selber auf die Kanzel rief und sie predigen ließ. Sie zeigen, wie Gott mit unseren Unvollkommenheiten und Begrenzungen umgeht. Wir erfahren, daß Gott zwar niemals unsere Sünden entschuldigt, die besonderen Schwächen eines Jüngers aber weniger ein verdammenswerter Fehler sind als ein Mangel, den es zu beheben gilt.

# David
# Der Mann nach dem Herzen Gottes

*Wir haben von David als einem Mann nach dem Herzen Gottes gesprochen. Nun wollen wir ihn betrachten als einen Mann wider das Herz Gottes. Und gibt es irgend etwas Merkwürdiges dabei? Was ist dies anderes als die ewige Dualität der menschlichen Natur? Entdecken wir nicht alle in uns selbst sowohl den Menschen nach dem Herzen Gottes als auch den Menschen wider das Herz Gottes? Auch Paulus entdeckte in seiner eigenen Brust jene zwei sich bekämpfenden und unvereinbaren Persönlichkeiten. Er sagte: „Denn ich habe Lust an Gottes Gesetz nach dem inwendigen Menschen. Ich sehe aber ein anderes Gesetz in meinen Gliedern, das widerstreitet dem Gesetz in meinem Gemüt und hält mich gefangen im Gesetz der Sünde, das in meinen Gliedern ist." Das hätte David geschrieben haben können.*

Clarence E. Macartney

„Und er war bräunlich, mit schönen Augen und von guter Gestalt" (1. Sam. 16, 12). Mit diesen Worten werden wir mit Israels größtem und interessantestem König bekanntgemacht. Dichter und Krieger, Sieger und Entrechteter, Baumeister und Verwalter, Hirte und König – eine komplizierte und faszinierende Persönlichkeit. Sein spektakulärer Aufstieg vom Hirtenjungen zum Thron Israels und Judas ist die bewegte Geschichte eines wechselnden Geschicks. Die umfangreichste Biographie in der Bibel ist die des David. Vierzehn Kapitel beschäftigen sich mit Abraham, aber nicht weniger als zweiundsechzig Kapitel sind dem Leben Davids gewidmet.

Seine ruhigen Jahre im Elternhaus zu Bethlehem standen in seltsamem Gegensatz zu den Jahren in der Pracht des königlichen Palastes. Aber während jener Jahre wurde dieser von Gott auserwählte junge Mann sorgfältig auf seine hohe Berufung vorbereitet. Die Jahre, die er in der Einsamkeit der Berge bei dem Hüten seiner Herde verbrachte, lehrten ihn Geduld und Mut und machten ihn zu einem Menschen, dem das Volk sich voller Hingabe unterwerfen würde.

Über Davids Leben vor seiner Salbung wird nur wenig berichtet, aber beiläufige Hinweise deuten an, daß die Lebensumstände im Elternhaus bescheiden waren. Wenn der Wert des Geschenkes, das Isai an den König sandte (1. Sam. 16, 20), ein Maßstab ist, dann war Isai kein reicher Mann. Anstelle von gemieteten Knechten verrichteten seine Söhne die niedrige Arbeit. Isais Schafherde war nicht groß. „Die wenigen Schafe dort in der Wüste" (1. Sam. 17, 28), höhnte Davids gefühlloser Bruder.

Man kann davon ausgehen, daß Davids Leben im Elternhaus nicht angenehm war. Sein Vater beachtete ihn nicht, als er von Samuel gebeten wurde, seine Söhne zu ihm zu bringen. Davids Brüder zeigten wenig Verständnis und Sympathie. Über seine Erziehung wird nichts berichtet, aber es ist durchaus nicht undenkbar, daß er in einer der Prophetenschulen, die von Samuel gegründet worden waren (2. Kön. 2, 3-5), unterrichtet wurde. Es ist sehr wahrscheinlich, daß Samuel seinen begabten Schüler im Lesen, Schreiben und in der Musik unterwies (1. Sam. 19, 18-22). Von Samuel erlangte er wohl auch seine Kenntnis des Gesetzes Gottes. Die Qualität seines literarischen Werkes weist hin auf eine stilistische Schulung, die zu einer außergewöhnlichen natürlichen Begabung hinzukam.

## Erwählung und Salbung

Lange bevor er vom Volk gewählt wurde, war David von Gott auserwählt worden. „Denn unter Isais Söhnen habe ich mir einen zum König ersehen" (1. Sam. 16, 1), waren die Worte des Herrn an Samuel. Zuvor war geschildert worden, wie der Herr im ganzen Volk nach einem würdigen Nachfolger für Saul suchte, der sich selbst als unfähig erwiesen hatte und von Gott verworfen worden war. „Der Herr hat sich einen Mann gesucht nach seinem Herzen, und der Herr hat ihn bestellt zum Fürsten über sein Volk" (1. Sam. 13, 14).

Kein menschliches Auge kann es wahrnehmen, wenn Gott bei der Suche nach einem Menschen vorübergeht. Er hatte seinen Mann gefunden, lange bevor David auch nur im geringsten ahnte, daß er etwas anderes tun sollte, als sein Leben lang Schafe zu hüten. „Ich habe gefunden meinen Knecht David, ich habe ihn gesalbt mit meinem heiligen Öl" (Ps. 89, 21).

Das Volk hatte Saul zum König gewählt aufgrund seiner gebietenden Erscheinung und seines Verhaltens. Gott wählte „seinen Knecht David und nahm ihn von den Schafhürden, ... daß er sein Volk Jakob weide“ (Ps. 78, 70.71). Obwohl David es selber nicht wußte, hatte Gott doch seine Erbanlagen, sein Temperament und seine Umwelt so geplant, daß er für diese Aufgabe geeignet war. Es war Gott, der ihm eine Jugend in der ländlichen Einsamkeit statt in einer weltoffenen Stadt bestimmte.

Die Wahl des sechzehnjährigen Davids anstelle seiner beeindruckenden älteren Brüder überraschte seinen Vater Isai, aber sie unterstreicht das biblische Prinzip, daß sich Gott mehr für die Qualitäten des Herzens als für die körperliche Erscheinung und Wirkung eines Menschen interessiert: „Der Herr sprach zu Samuel: „Sieh nicht an sein Aussehen und seinen hohen Wuchs; ich habe ihn verworfen. Denn nicht sieht der Herr auf das, worauf ein Mensch sieht. Ein Mensch sieht, was vor Augen ist; der Herr aber sieht das Herz an“ (1. Sam. 16, 7).

Die Salbung Davids zum König geschah auf eine Art und Weise, die am wenigsten dazu geeignet war, die Aufmerksamkeit des Hofes zu erregen. Samuels Besuch im Hause Isais auf den Befehl Gottes hin geschah vorgeblich zum Zweck eines Opfers; tatsächlich aber war der Hauptgrund die heimliche Salbung des neuen Königs von Israel. In Gegenwart der versammelten Familie und zweifelsohne zum Ärger seiner Brüder nahm Samuel sein Ölhorn und goß es über Davids Haupt. Josephus sagt, daß der Prophet dem jungen Mann die Bedeutung dieser symbolischen Handlung ins Ohr flüsterte. Der biblische Bericht weist darauf hin, daß das objektive Symbol von einer subjektiven Erfahrung begleitet wurde: „Und der Geist des Herrn geriet über David von dem Tag an und weiterhin. Der Geist des Herrn aber wich von Saul, und ein böser Geist vom Herrn ängstigte ihn“ (1. Sam. 16, 13. 14). Die Nebeneinanderstellung der Verse dreizehn und vierzehn kennzeichnet einen tragischen und dennoch herrlichen Wendepunkt in der Geschichte Israels, tragisch für Saul, unaussprechlich herrlich für David.

## Der Kampf zwischen Fleisch und Geist

Dann begann ein neuer Abschnitt in dem ewigen Konflikt

zwischen Fleisch und Geist. Der geisterfüllte David kehrte zu seinen Schafen zurück, aber er tat dies in dem Bewußtsein einer neuen Berufung. Statt daß ihn die Aussicht auf das Königsamt mit einem Gefühl der eigenen Wichtigkeit erfüllte, zeigte sich die Einfachheit und Schlichtheit seines Wesens in der pflichtgetreuen Erfüllung seiner gegenwärtigen Aufgabe. Daß die Salbung ein neues Bewußtstein über Sendung und Ziel der Berufung vermittelte, steht außer Frage; aber dann zeigte David wie in seinem späteren Leben eine erstaunliche Selbstdisziplin und Geduld, während er auf die Entfaltung des himmlischen Planes wartete.

In der vor ihm liegenden Zeit schienen seine Erfahrungen die Gültigkeit der göttlichen Verheißung in Zweifel zu ziehen, aber Davids Glaube überstand die lange Prüfungszeit: „Ich harrte des Herrn“ (Ps. 40, 2), war sein Zeugnis. Die Jahre in der Verborgenheit befähigten ihn für die große Verantwortung, die er später zu tragen hatte.

Im übrigen ist es bemerkenswert, daß David die ruhigeren Stunden beim Schafehüten gut nutze. Aus dieser Gewohnheit ergaben sich die beiden großen Chancen seines Lebens. Dauerndes Üben vervollkommnete sein Harfenspiel, und dadurch wurde Saul zuerst auf ihn aufmerksam. Dann lernte er meisterhaft den Gebrauch der Schleuder, was zum Sieg über Goliath führte. Viele haben durch falschen Gebrauch der Freizeit Gottes beste Gaben versäumt.

Gottes Methoden, Menschen in die Erfüllung seines Planes einzubeziehen, sind unendlich unterschiedlich, aber gewöhnlich erscheinen sie völlig normal und sehen nicht nach etwas Besonderem aus. Es war naturbedingt, daß der schizophrene König Saul bei einem seiner häufigen Anfälle von Melancholie nach einem Spielmann verlangte, denn nur Musik konnte die dunkle Wolke seiner Depression vertreiben. Es schien völlig normal, daß David Saul gelegentlich als kundiger Harfenspieler genannt wurde. So wurde der Übergang von den Hügeln Bethlehems in den Glanz und das Ränkespiel des Hofes ganz unbemerkt vollzogen, und David hatte den ersten Schritt in die Richtung des Thrones getan.

Robert Browning schildert das Eintreten Davids in das königliche Zelt, um den wahnsinnigen Monarchen mit seiner Musik zu besänftigen, folgendermaßen:

Zuerst sah ich nichts als die Dunkelheit; aber bald ent-

deckte ich etwas, das noch schwärzer war als die Dunkelheit – den gewaltigen Hauptpfosten, der den Pavillon stützte; und allmählich erkannte ich eine Gestalt, die sich gegen den Pfahl lehnte: sie war riesenhaft und dunkler als alles andere.
Dann durchbrach ein Sonnenstrahl das Zeltdach und zeigte Saul.

Sofort von dem gutaussehenden Jüngling angezogen, machte Saul ihn zu seinem Waffenträger. Davids Beziehung zu Saul und dessen Sohn Jonathan macht die Geschichte außerordentlich interessant und voller Gefühl. Offensichtlich besuchte David den Palast nur in Abständen und verbrachte auch einige Zeit in seinem Elternhaus.

Es war Davids heldenhafte Begegnung mit Goliath, die ihn zum Idol der Nation machte. Die Einzelheiten sind viel zu bekannt, als daß sie einer Wiederholung bedürften, aber die bedeutsame Tatsache war, daß Davids Sieg im tiefsten Grund ein Sieg des Glaubens war. In Hebräer elf wird David zu denen gerechnet, „welche haben durch den Glauben Königreiche bezwungen ... sind stark geworden im Streit" (Hebr. 11, 32-34). Vorherige Einübung im stillen hatte ihn für sein öffentliches Auftreten vorbereitet. Seine Gewandtheit im Umgang mit der Schleuder, sein Kampf mit Löwe und Bär, seine absolute Furchtlosigkeit in der Gegenwart eines Gegners, der aus dem König einen Feigling gemacht hatte (1. Sam. 17, 11), vor allem aber die Kraft des Geistes Gottes, die ihn erfüllte, führten zu dem Sieg, der ihn zum Volkshelden machte. „Heute wird dich der Herr in meine Hand geben" (1. Sam. 17, 46), verkündete David dem arroganten Riesen.

Nach dieser Begebenheit begannen die Frauen zu singen: „Saul hat tausend erschlagen, aber David zehntausend. Da ergrimmte Saul sehr ... und Saul sah David scheel an von dem Tage an ... und Saul fürchtete sich vor David" (1. Sam. 18, 7-12). Seine bisherige Liebe zu David (1. Sam. 16, 21) verwandelte sich jetzt in Haß. Seine blinde Eifersucht veranlaßte ihn, vier heimtückische Anschläge auf das Leben Davids zu verüben. In seinem Herzen lebte die beunruhigende Überzeugung, daß dieser junge Mensch der „andere" (1. Sam. 15, 28) war, von dem Samuel gesagt hatte, daß er ihm sein Königtum nehmen sollte. David mußte beseitigt werden.

Daraufhin begannen für David Jahre ständiger Gefahr und Angst, die erst mit dem Tode Sauls endeten. Es schien, als hätte sich die ganze Hölle mit Saul verbündet, um die Erfüllung von Gottes Plan mit David und dem Volk zu verhindern.

## Der Weg der Ablehnung

Als er sich während einer Krise in seiner Gemeinde sehr sorgte, sah ein gottesfürchtiger Pastor ein Stück Zeitungspapier vor sich auf dem Boden liegen. Darauf stand:

> „Niemand wird vollkommen akzeptiert, wenn er nicht zuerst völlig abgelehnt worden ist."

David lernte früh in seinem Leben, den Weg der Ablehnung zu gehen, einen Weg, den später auch „der größere Sohn des großen David" betreten sollte. Es ist der vorbestimmte Pfad, den alle wahren Jünger in mehr oder weniger großem Maße gehen müssen. David ging diesen rauhen und einsamen Weg nicht nur in den neun Jahren seiner Verfemung, als er wie ein Rebhuhn in den Bergen gejagt wurde (1. Sam. 26, 20), sondern auch in seinem späteren Leben. Mit dem Hauptsitz in der Höhle Adullams schlugen sich der hebräische Robin Hood und seine zusammengewürfelte Bande von Geächteten durch ein unsicheres und gefährliches Leben (1. Sam. 22, 1).

David wurde abgelehnt von seinem Lieblingssohn, den er verwöhnt hatte und der sich sein Königreich aneignete. Er wurde von Israel verworfen und gezwungen, in die Verbannung zu gehen. Man kann tatsächlich sagen, daß keine andere biblische Gestalt einen derartig häufigen Wechsel zwischen Glück und Unglück erleben mußte wie David. Als Folge davon erlitt kein anderer die Tiefpunkte menschlicher Erfahrung so wie er. Sein Geist wurde gehärtet durch den schnellen Wechsel von heiß und kalt.

Dieser Tatsache ist die besondere und universale Wirkung seiner Psalmen zuzuschreiben. Sein eigenes Leben befähigte ihn, Worte des Trostes und der Kraft zu sprechen, aus denen nachfolgende Generationen angefochtener Männer und Frauen unendliche Hilfe gewonnen haben. Durch die mannigfaltigen Ereignisse in seinem Leben und die großen natürlichen Gaben, mit denen er ausgestattet war, schuf der Heilige Geist eine Hymnendichtung von tiefster geistlicher Einsicht und Erfahrung. Edward Irving schrieb in diesem Zusammenhang: „Jeder Engel der Freude und des Schmerzes strich im Vorübergleiten über die Saiten von Davids Harfe, und in seiner Brust kämpfte und rang das Herz von wohl hundert Menschen."

## Charaktereigenschaften

Nur wenige große Männer der Geschichte sind so königlich hoch begabt gewesen wie der anmutige Sänger aus Israel. Seine Persönlichkeit war einfach und vielfältig zugleich. Er bewegte sich zwischen Extremen, zeigte aber paradoxerweise eine dauernde Stabilität. Die pendelnde Kompaßnadel kehrte immer wieder zurück zu ihrem Pol – zu Gott selber.

Vielseitigkeit war eine seiner charakteristischen Eigenschaften. Er war gleichermaßen geschickt mit dem Stecken wie mit der Schleuder. Er handhabte sowohl das Schwert wie das Zepter mit großer Gewandtheit. Er verband auf glückliche Art und Weise Rollen, die im allgemeinen nicht als sich ergänzend angesehen werden – Musiker und Staatsmann, Dichter und Soldat, Hirte und König.

Seine ungewöhnliche poetische Gemütsart machte ihn empfänglich für die Höhen der Freude und die Tiefen der Niedergeschlagenheit. In seiner Fähigkeit, tief zu empfinden, waren ihm Tränen nicht fremd. Er hungerte nach Liebe und Verständnis, und die Größe seiner Liebe trug zu der Schärfe seiner Leiden bei. Seine Psalmen spiegeln seine Gemütstiefe wider, manche sind in Molltönen geschrieben, während andere in ihrer stürmischen Anbetung die Himmel zerreißen.

Körperlich war David ein prächtiger Vertreter der Männlichkeit. Jeder schaute zweimal hin, wenn er vorbeiging. Seine kraftvollen Hände töteten den Löwen und den Bären. Seine Füße waren schnell. Das Zusammenspiel von Hand und Auge war vollkommen, was sich an der Genauigkeit seines Schleuderwurfes zeigte. Seine frische Gesichtsfarbe zeigte seine strahlende Gesundheit an.

Die Nähe der Philister und die Feindschaft Sauls boten David hinreichend Gelegenheit, moralischen und körperlichen Mut zu beweisen. Bevor er überhaupt mit Goliath zusammentraf, hatte er sich den Ruf, mutig zu sein, durch seine Heldentaten mit dem Löwen und dem Bären erworben. Seine unerschrockene Herausforderung des Riesen offenbarte ein Herz, das völlig auf Gott vertraute und daher furchtlos war. Davids Gelassenheit – abgesehen von ein oder zwei Situationen, als sein Glaube schwankte – im Angesicht der ständigen Angriffe seines unversöhnlichen Feindes zeugte von einer inneren Ruhe und einem Mut, die ihm die beinahe fanatische Treue der Menschen um ihn herum einbrachten und später die leidenschaftliche Verehrung der ganzen Nation.

David strahlte Charme aus. Frauen sangen sein Lob. Michal, Sauls Tochter, bezeugte freiwillig ihre Liebe. Jonathans Herz war dem seinen in lebenslanger Ergebenheit verbunden. Er war der Held seiner Soldaten. Drei seiner Mitgeächteten riskierten den Tod, um den geflüsterten Wunsch Davids nach einem Trunk aus dem Brunnen in Bethlehem zu erfüllen. Der Priester konnte ihm das geweihte Schaubrot nicht verweigern, als er hungrig war. König Hiram gab ihm alles, was er begehrte. Selbst seine Feinde hegten eine geheime Bewunderung für ihren kühnen und tapferen Gegner. „Ganz Israel und Juda hatte David lieb" (1. Sam. 18, 16), lautet der Bericht.

David zeigte erstaunliche Geduld und Selbstbeherrschung. Niemals nahm er die Dinge selbst in die Hand, um die Erfüllung seiner Bestimmung herbeizuzwingen. Er wollte den Thron nicht nur auf Gottes Weise, sondern auch nur zu Gottes Zeit erhalten. In verschiedenen Situationen mußte er seine Männer zurückhalten, die das Zögern ihres Führers, die errungenen Siege nun auch zu vollenden, nicht verstehen konnten. Nicht nur wollte er zweimal keinen Vorteil daraus ziehen, daß Saul in seine Hand fiel, sondern er machte auch kurzen Prozeß mit dem Amalekiter, der es gewagt hatte, den Gesalbten des Herrn zu töten (2. Sam. 1, 15). Was Gott auch immer schickte, nahm er mit Dankbarkeit und Gleichmut an. In seinem eigenartigen Buch „The Compleat Angler" (der vollkommene Angler) schrieb Isaak Walton: „David wurde ein Mann nach Gottes Herzen genannt, weil er – wie aus den Psalmen ersichtlich ist – mehr mit Dankbarkeit erfüllt war als jeder andere, der in der Heiligen Schrift erwähnt wird."

Davids dichterische Werke haben drei Jahrtausende überlebt und sind wahrscheinlich am meisten gelesen und geliebt in der ganzen alten und modernen Literatur. Er war ein Dichter höchsten Ranges. Die Psalmen sind der Spiegel seines persönlichen Innenlebens und sind zu jeder Zeit aktuell, denn die Nöte und Anfechtungen der Menschen verändern sich kaum im Wechsel der Jahre. Von den Psalmen, deren Verfasser genannt ist, stammen dreiundsiebzig aus der Feder Davids wie auch einige der restlichen. Ihm war das besondere Vorrecht anvertraut, die messianischen Psalmen zu schreiben. Psalm zwei sagt die Göttlichkeit des Messias voraus. Psalm zweiundzwanzig, der ein Wunder bestätigter Prophetie ist, kündet erstaunlich detailliert Jesu Sühnetod an. Psalm einhundertzehn prophezeit sein ewiges Priesteramt. Die Psalmen zwei, sechzehn und achtundsechzig sehen seine Auferstehung, seine Himmelfahrt und sein kommendes Königreich voraus.

Davids Streben war geistlicher, nicht persönlicher Art. Seine größte Sorge galt vor allem der Ehre Gottes. In seiner Auseinandersetzung mit Goliath zeigte er kein unangebrachtes Interesse an persönlichem Ruhm: „Da sprach David zu den Männern, die bei ihm standen: Was wird man dem geben, der … die Schande von Israel abwendet? Denn wer ist dieser unbeschnittene Philister, der das Heer des lebendigen Gottes verhöhnt?“ (1. Sam. 17, 26). In seinem ganzen Leben fehlte fleischlicher Ehrgeiz völlig, gab es nur ein verzehrendes Verlangen, die Ehre Gottes zu sichern.

In merkwürdigem Gegensatz zu der Zeit, in der er lebte, stand die Großmut, mit der David häufig sowohl persönliche wie nationale Feinde behandelte. Obwohl er äußerst rücksichtslos sein konnte, übte er Vergebung gegenüber seinen Feinden, Jahrhunderte bevor eine solche Vergebung von Jesus vorgeschrieben wurde. Ungeachtet all dessen, was er durch die Hand Sauls erlitten hatte, schenkte David ihm zweimal das Leben und gab ihm damit weiter Freiheit, ihn zu verfolgen. Das ist eine gottähnliche Eigenschaft.

Die Fähigkeit zur Freundschaft ist das Kennzeichen eines edlen Charakters. Jonathans Liebe zu David kennzeichnet eine der vorbildlichsten Freundschaften der Geschichte, was noch unterstrichen wird durch den schwarzen Hintergrund der Eifersucht und Falschheit Sauls. Jonathans Treue und Selbstverleugung war für David in den Jahren seiner Ächtung eine unermeßliche Kraftquelle. Diese beiden verwandten Seelen waren einander mit einer größeren Liebe zugetan, als es Frauenliebe ist (2. Sam. 1, 26). Es war ein Fall von Liebe auf den ersten Blick. Sie hatten ähnliche Neigungen und Interessen und waren beide ungemein hingabefähig. Die Literatur kennt keine Parallele zu Jonathans Verzicht auf den Thron zugunsten seines Rivalen. Die Größe von Jonathans Charakter ist daran zu erkennen, daß er sich, ungeachtet seiner liebevollen Treue zu David, nicht mit ihm gegen seinen den Vater, der noch immer „der Gesalbte des Herrn“ war, verbündete.

O Freund, mein Herz sagte:
Durch dich allein ist der Himmel gewölbt,
Durch dich ist die Rose rot;
Alle Dinge nehmen durch dich edlere Formen an,
Und sehen verklärt aus;
Die Härte unseres Schicksals scheint
Durch den Wert deiner Person ein sonniger Weg zu sein.
Auch hat mich dein Edelmut gelehrt,
Meine Verzweiflung zu bezwingen;
Die Quellen meines verborgenen Lebens
sind durch deine edle Freundschaft lauter und klar.
R. W. Emerson

Der Schlüssel zu Davids Leben und Leistungen ist, obwohl durch Versagen beeinträchtigt, in seiner inneren Einstellung zu Gott zu finden. Sein großes Interesse galt dem Reich Gottes, und dies ist auch das immer wiederkehrende Thema seiner Psalmen. Seine Übertretungen waren vorübergehender Art, eher zufällig als charakteristisch. Gegen Ende seines Lebens faßte David den edlen Plan, dem Herrn ein Haus zu bauen. Für ihn wäre dies das krönende Werk seines Lebens gewesen – etwas, das seines Gottes wert war (2. Sam. 7, 1-3). Als sein Plan abgelehnt wurde, weil er ein Mann des Blutvergießens war, schmollte David nicht. Er tat alles, was er konnte, um den Bau durch seinen Sohn vorzubereiten. Sein Wunsch erweckte Salomos Begeisterung und legte den Grundstein zu dessen Werk (2. Chron. 6, 8-9). Wenn unsere eigenen Ideale manchmal nicht zu verwirklichen sind, hat Davids Beispiel uns viel zu sagen, denn er war der Vorläufer aller enttäuschten Menschen, deren Beweggrund und Plan angenommen, deren tatsächlicher Dienst jedoch ihnen versagt bleibt.

Ich bat den Herrn, daß er Gelingen geben möge
für die hohe Aufgabe, die ich ihm erfüllen wollte.
Ich bat, daß jedes Hindernis kleiner werde
und ich nur wenige Stunden der Schwachheit haben möge.
Ich bat darum, daß ferne und erhabene Höhen erklommen

würden –
und jetzt danke ich ihm demütig,
daß es mir nicht gelang.
Denn mit dem Schmerz und der Sorge erhielt ich
die Gabe der Güte im Handeln und Denken;
und mit dem Versagen kam ein Verstehen,
eine Einsicht, die der Erfolg niemals gebracht hätte.
Vater, ich wäre töricht und ungesegnet geblieben,
wenn du mir meinen blinden Wunsch erfüllt hättest.

### Fehler und Versagen

Die Bibel zeichnet die Menschen in ihrer wahren Gestalt. Nichts wird vorenthalten, was angefochtenen Menschen in nachfolgenden Generationen helfen kann. In der Lebensgeschichte Davids wird die ewige Zweiheit der Natur, die uns allen nur allzusehr bewußt ist, deutlich veranschaulicht. David ist ein warnendes Beispiel dafür, daß selbst gottesfürchtige Männer und Frauen tief fallen können. Seine Fehler waren weder wenig noch geringfügig. Seine Erfahrung zeigt Gottes Einschätzung des Verderbens der Sünde und die Unausweichlichkeit ihrer rechtlichen Folgen.

Das sensible und künstlerische Wesen Davids machte ihn anfällig gegenüber Versuchungen, die bei einer anderen Veranlagung keine Verlockung dargestellt hätten. Obwohl es besonders die Sinnesfreuden waren, die seinen Fall bewirkten, gab es andere Charakterzüge, die alles andere als edel waren. Als er von seinem unversöhnlichen Gegner in die Enge getrieben wurde, griff er zu Lug und Betrug, was niemals zu rechtfertigen war (1. Sam. 27). Daß er bei den Feinden Israels Zuflucht suchte, war ein ernsthaftes Abweichen vom Glauben (1. Sam. 21, 11). Erst nach tiefer Schmach und Demütigung wurde er daraus befreit. Er fiel ein zweites Mal auf die gleiche Weise, und nur Gottes Gnade rettete ihn davor, in eine Schlacht mit seinen eigenen Blutsverwandten verwickelt zu werden (1. Sam. 29, 4-8). Gelegentlich gab es ein Aufblitzen heftiger Rache, die wenig mit seinem großzügigen Wesen übereinstimmte. Davids enge Verbindung mit den grausamen Söhnen Zerujas, die seine Armee anführten, verwickelte ihn in ihre Unbarmherzigkeit (2. Sam. 2, 39). Entgegen dem ausdrücklichen Befehl Gottes hatte er zahlreiche Frauen, zu seinem eigenen Elend (2. Sam. 5, 13). Er versagte darin, daß er keine Kontrolle über seine Söhne Absalom, Amnon und Adonia ausübte, was verheerende Folgen für ihn selber, seine Familie und sein Volk hatte (2. Sam. 13, 1-14. 23-29; 1. Kön. 1, 6).

Man ist allgemein der Ansicht, daß Davids größtes Versagen darin lag, daß er den Leidenschaften des Fleisches nachgab. Aber diese Sicht ist angezweifelt worden. Wenn die Worte und die Haltung Jesu unser Maßstab sind, dann sind die sogenannten Sünden des Fleisches, so abstoßend sie auch sind, nicht notwendigerweise die schlimmsten oder größten Sünden. Vergleichen Sie die Worte, die Jesus an die Samariterin (Joh. 4) oder an die Ehebrecherin (Joh. 8, 10. 11) richtete, mit seiner scharfen Verurteilung der Pharisäer (Matth. 23). Es ist möglich, frei zu bleiben von den gröberen Sünden, während man schuldig wird an Sünden von geistlich viel mehr verderblicher Art wie etwa Hochmut, Eifersucht oder Selbstgerechtigkeit.

Es ist, und zwar nicht ohne schriftgemäße Grundlage, behauptet worden, daß die größte Sünde Davids nicht die mit Bathseba war, sondern die, daß er Israel zählen ließ (2. Sam. 24, 1-3). Als David Ehebruch beging, starben nur Uria und das Kind. Als er Israel zählte, verloren siebzigtausend Menschen ihr Leben. Gott entschuldigte Davids Sünde aus Leidenschaft nicht, aber seine Sünde des überheblichen Stolzes brachte das ganze Volk mit unter das Gericht. Seine Leidenschaftssünde beraubte Bathseba ihrer Reinheit und Uria seines Lebens. Seine Sünde des Hochmuts raubte Gott die Ehre.

## Davids Tragik und Erneuerung

Der dunkle Fleck auf Davids wunderbarem Leben stellt ein Warnsignal dar für die Menschen aller Jahrhunderte und jedes Lebensalters. Er ist eine Warnung, daß ein gottesfürchtiger Mensch in einem einzigen Augenblick die Errungenschaften eines ganzen Lebens besudeln kann. Ein flüchtiger Blick, verbunden mit seiner inneren Einwilligung, überschattete Davids Leben bis zu seinem Ende. Davids Sünde ist oft angeführt worden von Atheisten, die darüber spotteten, daß er ein Mann „nach dem Herzen Gottes“ war. Aber es soll daran erinnert werden, daß diese Worte gesprochen wurden, bevor David König wurde, und daß sie den Gegensatz zwischen ihm und Saul zum Ausdruck bringen sollten. Lange nach Davids Tod wurden sie verwendet in der Gegenüberstellung zu Jerobeam, „der Israel sündigen machte“ (2. Kön. 3, 3). Im Gegensatz zu diesen beiden Königen war Davids Herrschaft gerecht und gottesfürchtig. Die Bezugnahme gilt nicht so sehr seinem persönlichen Charakter als dem Charakter seiner Herrschaft. Die Bibel rügt Davids Sünde immer, betont aber gleichermaßen seine Reue und die Vergebung.

Man sollte beachten, daß Davids Lebensumstände fast zwangsläufig zum Fall verführten. Er lebte mitten in einer Zeit blühenden Wohlstandes. Er war der mächtigste Herrscher weit und breit und wurde von allen gefürchtet. Nicht daß sein Erfolg sündhaft war, aber der Kelch des Wohlstandes muß auf den Knien getrunken werden.

Nachdem er endlich sein Königtum erlangt hatte, übertrat David Gottes Gebot, indem er mehr Frauen nahm (2. Sam. 5, 13). Und die Saat der Nachgiebigkeit, gesät in früheren Jahren, erbrachte eine bittere Ernte in der Mitte des Lebens und entflammte in seiner Familie die stürmischen Leidenschaften, die das Leben ihrer Mitglieder vernichteten.

Er erlaubte dem Luxus und der Trägheit, ihn zu beherrschen, was ihn eine leichte Beute der Begierde werden ließ (2. Sam. 11, 1). Statt seine Truppen anzuführen, wie es seine königliche Pflicht gewesen wäre, war er in Jerusalem geblieben. „Es begab sich, daß David um den Abend aufstand von seinem Lager.“ Seine Mittagsruhe hatte sich übermäßig ausgedehnt. Seine Untätigkeit ließ seinen Gedanken die Freiheit, auf verbotenes Gebiet zu wandern. Als er auf seinem Dach einherging, richtete Satan seine Augen auf eine auffallend schöne Frau, die badete. Es ist bezeichnend, daß es keinen Hinweis darauf gibt, daß Bathseba ihre Sünde bereute! Davids Fall begann mit dem, was er sah. Nicht mit dem ersten unbeabsichtigten, flüchtigen Blick, sondern mit dem zweiten freiwilligen Hinsehen.

Ach! Die heimliche Sünde,
die lauert und arbeitet in
dem durch und durch trügerischen Herzen,
das ihr bereitwillig Raum gibt!
Wie sicher übt sie schädlichen Einfluß,
ebenso wie der scharfe Frost in der Nacht,

der im Frühling die erste Blüte vernichtet.
O versteckt gehegte Lust,
die du wie ein kleiner Rostfleck
Auf dem Schwert in der Scheide bist –
nur Gott und mir bekannt!
Was geschieht, wenn die gute Waffe
an der Scheide festgerostet ist
am Tage des Kampfes
und ich durch dich beschämt dastehe?

Walter C. Smith

Hätte er die tragischen Folgen jenes Blickes voraussehen können, hätte David gerne sein rechtes Auge ausgerissen, um sie zu verhüten. Der Blick führte zu Ehebruch, Verrat, Mord. Davids Sünde hinterließ unauslöschliche Spuren auf seinem Haus und seiner Familie. Betrug, Intrige und Rache ruinierten sein Familienleben. Seine Tochter wurde geschändet. Sein Lieblingssohn folgte seinen Spuren in Verrat und Mord und zwang ihn, ins Exil zu gehen. Diese Früchte waren tragisch genug, aber was noch schlimmer war, er verlor das Lächeln Gottes. Die Friedenstaube verließ sein Herz. Sein Thron verlor seine Stabilität. Sein Zeugnis von Gott vor seinem Volk und den benachbarten Nationen war getrübt.

Der umfassende Charakter von Davids Sünde zeigte sich erst bei näherer Betrachtung. Es wurde vorhin gezeigt, daß das Übertreten des neunten Gebotes, das Begehren der Frau des Nächsten, zur Übertretung des sechsten Gebotes und zum Begehen des Ehebruches führte. Um das siebte Gebot zu brechen, nämlich zu stehlen, was ihm nicht gehörte, brach er bald darauf das fünfte Gebot und beging einen Mord. Er brach das achte Gebot, indem er falsches Zeugnis ablegte wider seinen Nächsten. Er brachte Unehre über seine Eltern und brach damit das vierte Gebot. So übertrat er alle Gebote, die sich darauf beziehen, daß man den Nächsten lieben soll wie sich selbst. Und natürlich verunehrte die Sünde in ihrem tiefsten Kern auch Gott selbst. So etwas wie eine „einfache“ Sünde gibt es nicht. Sünde ist immer verwickelt.

Der Lichtblick in der schmutzigen Angelegenheit war, daß dem Ausmaß seiner Sünde die Tiefe seiner Reue entsprach. Die Art und Weise, wie ein Mensch reagiert, nachdem er von Satan gesichtet worden ist, offenbart seinen wahren Charakter. Ein ganzes Jahr und vielleicht noch länger verharrte David halsstarrig in seinem Unwillen, seine Sünde zu bekennen. Er sagt über seine bittere Erfahrung: „Denn als ich es wollte verschweigen, verschmachteten meine Gebeine durch mein tägliches Klagen. Denn deine Hand lag Tag und Nacht schwer auf mir, daß mein Saft vertrocknete, wie es im Sommer dürre wird“ (Ps. 32, 3. 4). Er entdeckte, daß Unbußfertigkeit eine schreckliche Erfahrung ist. Er kannte Gott zu gut, als daß er hätte glücklich sein können, solange dieser sein Angesicht abgewendet hielt. Erst als ihn sein treuer Ratgeber Nathan aufsuchte, zerbrach Davids Widerstand. Der Prophet bot geschickt einen erdachten Fall dar, der den Ärger in David hochsteigen ließ (2. Sam. 12, 5). „So wahr der Herr lebt: der Mann ist ein Kind des Todes“, sprach der zornige König. „Du bist der Mann“, erwiderte Nathan. „Nun, so soll von deinem Haus das Schwert nimmermehr lassen, weil du mich verachtet hast ... spricht der Herr.“

David war ebenso schnell mit seinem Bekenntnis wie mit seiner Verurteilung. Mit einem trockenen Schluchzen rief er aus: „Ich habe gesündigt gegen den Herrn“ – und nicht vorrangig gegen Uria und Bathseba. Jetzt sah er seine Sünde in ihrem wahren Licht. In diesem Augenblick wurde Psalm 51 geboren: „An dir allein habe ich gesündigt“ (Ps. 51, 6). Er brachte die Opfer dar, auf die Gott gewartet hatte: „Die Opfer, die Gott gefallen, sind ein geängsteter Geist, ein geängstetes, zerschlagenes Herz wirst du, Gott, nicht verachten“ (Ps. 51, 19). Wer von uns hat diesen Psalm Davids nicht zu seinem eigenen Bekenntnis machen müssen?

Wie schnell kam die Antwort durch Gottes Boten! „So hat auch der Herr deine Sünde weggenommen.“ Vergeben, wiederhergestellt, mit einem reinen Herzen und einem beständigen Geist war es David möglich, aufzusteigen aus dem Abgrund zu neuen Höhen der Gemeinschaft mit Gott. Und wie lautete der Wunsch des reuigen Sünders? „Erfreue mich wieder mit deiner Hilfe ... Ich will die Übeltäter deine Wege lehren, daß sich die Sünder zu dir bekehren“ (Ps. 51, 14.15).

# Elia
# Der Prophet des Feuers

*Der Thron Israels wurde eingenommen von einem verweichlichten Mann, der das schwächliche Werkzeug seiner gewissenlosen, schönen Frau war – der Lady Macbeth der jüdischen Geschichte.*

*Die Altäre Jahwes waren umgestürzt worden. Seine Propheten hatte man zum Schweigen gebracht, und nun hielten sie sich versteckt. Die Zahl seiner treuen Anbeter war nur noch gering …*

*Diese Situation fand Elia vor, als er unbewaffnet seine Heimat in den Bergen jenseits des Jordans verließ; er war ein Hochländer, ungehobelt und ungeschliffen, und er kannte sich mit den Gepflogenheiten des Hofes oder mit der Gelehrsamkeit der Schulen nicht aus. Dabei war er ein Mann, der schwach war, wo wir schwach sind; er wurde versucht, wo auch wir versucht werden; und er kannte dieselben Leidenschaften wie wir auch. Und auf einmal begann sich das Blatt zu wenden. Dem Vordringen des Götzendienstes wurde entschieden Einhalt geboten. Die Existenz und die Macht Jahwes wurden unter Beweis gestellt. Die Altäre wurden wieder aufgebaut; Schulen wurden eröffnet zur Ausbildung der gottesfürchtigen Jugend; ein Nachfolger wurde ernannt; und die Sache der Wahrheit erhielt neuen Auftrieb, der durch viele Generationen spürbar blieb.*

*Vielleicht liegt die größte Hochachtung für Elias Macht seinen Zeitgenossen gegenüber in der Tatsache, daß sein Name und Werk noch neunhundert Jahre nach seinem Tod von einem kühnen Menschen mit klaren Vorstellungen zeugten, womit Elia die gesamte Schule der jüdischen Propheten übertraf und das Beispiel war für die Macht und den Mut, die der Vorläufer Jesu zeigte.*

F. B. Meyer

Die Gestalt Elias, des Thisbiters, und die Bedeutung seines Wirkens kann beurteilt werden an der Tatsache, daß er auf den Seiten des Neuen Testamentes häufiger in Erscheinung tritt als irgendein anderer Prophet – nicht weniger als siebenundzwanzigmal. Die Tatsache, daß er allein von allen Propheten auserwählt wurde, mit Jesus auf dem Berge der Verklärung zusammenzutreffen, kennzeichnet ihn als eine Gestalt von großer Bedeutung in der Entwicklung von Gottes Plan für das jüdische Volk. Wie ein Meteor leuchtete er in der tiefschwarzen Dunkelheit der geistlichen Nacht Israels auf.

In den größten Krisen seines Lebens stand Elia einer bemerkenswerten, mächtigen und böswilligen Frau gegenüber, Isebel, deren Name ebenfalls im Neuen Testament erscheint (Offb. 2, 20). Sie war eine Frau mit einem steinernen Gesicht und einem Herzen aus Stahl. Sie war die Tochter des Königs von Sidon und war zu einer eifrigen Anbeterin des Baal erzogen worden. Als Frau des Ahab, des Königs von Israel, hielt sie nicht nur selber an der Religion ihrer Väter fest, sondern drängte sie über ihren schwachen Ehemann auch Israel auf. Um ihr zu gefallen, baute Ahab dem Baal in Samaria einen Altar. Das Feuer der Verfolgung begann zu brennen. Isebel tötete die Propheten Jahwes, und vierhunderfünfzig Propheten des Baal aßen an ihrer Tafel. Inmitten dieser Abtrünnigkeit geschah des Herrn Wort zu Elia.

Die Anbetung des Baal (ein Wort, das Gott oder Götze bedeutet), eine der ältesten Formen des Aberglaubens in der Welt, war die Anbetung der Sonne, die für den König des Himmels gehalten wurde. Die Baalim waren die Götter des Landes, die es besaßen und beherrrschten, und man nahm an, daß der Ertrag der Felder, der Obstbäume und der Herden von ihnen bestimmt wurde. Der Bauer war völlig abhängig von den Baalim. Bei der Anbetung des Baal wurden ihm Rauch- und Brandopfer dargebracht, wobei manchmal Kinder von ihren eigenen Eltern geopfert wurden. Der Kult wurde oft von Trinkgelagen und lüsternen und erniedrigenden Riten begleitet, aber gerade diese machten die Religion beliebt und bildeten eine Beleidigung Gottes (1. Kön. 14, 23. 24).

Elia trat im Tiefpunkt der Geschichte Israels auf. Die Dinge konnten kaum noch schlimmer sein, aber „wenn das Böse außergewöhnliche Proportionen annimmt, dann begegnet ihm Gott mit außergewöhnlichen Maßnahmen“. In diesem Fall war seine Methode ein Mann – der rauhe Elia, dessen Auftreten ebenso dramatisch und ungestüm war wie sein Wesen. Gott verfügt immer zur rechten Stunde über den rechten Menschen. Wenn der Teufel die Initiative an sich gerissen zu haben scheint, antwortet Gott, indem er seinen eigenen

Kämpfer aufstellt, der mit einer Persönlichkeit und mit Gaben ausgestattet ist, die der Aufgabe entsprechen. Isebel bestritt die Existenz Jahwes. Elia war die Antwort.

Der Prophet wurde in Thisbe, einer Region westlich des Jordans, geboren, aber zu dem Zeitpunkt, an dem er in der biblischen Geschichte auftritt, hatte er offensichtlich einige Zeit in Gilead, einer Einöde mit wilden und gesetzlosen Bewohnern, gelebt. Er wußte wenig von der Kultiviertheit des Lebens; er war ein von der Sonne gebräunter Mann mit einem rauhen und strengen Äußeren. Er scheint von niedriger Abstammung gewesen zu sein, ohne eine besondere schulische Ausbildung, die darauf ausgerichtet war, ihn zu einem nationalen Führer zu machen – wenn man einmal absieht von der Ausbildung, die er in der Schule Gottes erhielt. Er ist ein bemerkenswertes Beispiel für die Stärke einer großen Persönlichkeit.

Wie Martin Luther forderte er, ganz auf sich gestellt, die Priesterschaft der Nation heraus. Wie Johannes der Täufer trat er dem regierenden König mutig entgegen. Es wurde gesagt, daß er flüssiges Feuer in seinen Adern hatte. Alexander Whyte beschrieb ihn als einen Mann, der immer von einer Leidenschaft beseelt war – von einem leidenschaftlichen Zorn auf Ahab und Isebel; von einer leidenschaftlichen Entrüstung über den Götzendienst; von einer leidenschaftlichen Verachtung und Geringschätzung der Priester des Baal; von leidenschaftlichem Gebet und von ebensolcher Fürbitte; von einem leidenschaftlichen Trachten nach der Ehre Gottes. Und dennoch ein Mann mit den gleichen Leidenschaften wie wir, ein Mann, der denselben Höhen der Begeisterung und Tiefen der Verzweiflung unterworfen war.

Für ihn gab es eine höchste Realität – Gott. „So wahr der Herr, der Gott Israels, lebt, vor dem ich stehe" (1. Kön. 17, 1), sind die Worte, die seinen Charakter beleuchten. Es war die Haltung eines Dieners vor seinem Herrn. Er lebte bewußt in der Gegenwart Gottes. Gott war für ihn realer als Ahab und Isebel – außer wenn sein Glaube schwankte. Diese Gottesgewißheit machte ihn zu einem Mann, für den Kompromisse unmöglich waren. Für sein unkompliziertes Wesen waren die Tatsachen klar und verlangten klare und radikale Entscheidungen.

Elia schien von menschlicher Gemeinschaft unabhängig zu sein, und sein Leben wurde durch eine gewisse Isolation und

Absonderung gekennzeichnet. Er wurde selten in der Gesellschaft anderer Menschen gesehen. Er hatte, abgesehen von der kurzen Periode, in der Elisa sich ihm anschloß, keinen geistlichen Mitarbeiter.

### Charakter

Alles, was Elia betrifft, ist farbenkräftig. Es gibt da keine neutrale Schattierung. Sein Selbstzeugnis wies hin auf einen Mann von großem Eifer: „Ich habe geeifert für den Herrn" (1. Kön. 19, 10). Er wurde angetrieben durch ein leidenschaftliches Trachten nach der Ehre Gottes. Er sehnte sich danach, Gottes Ehre bei seinem Volk wiederherzustellen. Seine Empörung über den Götzendienst und den Abfall Israels war grenzenlos, und er hatte keine Ruhe, bis die falschen Altäre niedergerissen waren und er den Altar Jahwes wieder aufgebaut hatte.

Mut kennzeichnete seine Entwicklung. Selbst seine verwerfliche Flucht vor Isebel, als sein Glaube versagte, diente nur dazu, durch den Gegensatz das Maß des Mutes, der ihn charakterisierte, hervorzuheben. Immer wieder trotzte er dem feigen Despoten und forderte ihn heraus, wobei er jedesmal wußte, daß seinem Leben jederzeit ein Ende gesetzt werden konnte. Man denke an seinen Mut, mit dem er Ahab gegenübertrat, als dieser ihm mit wachsender Wut bei zunehmender Trockenheit mehr als drei Jahre lang nach dem Leben getrachtet hatte. Wie tapfer zeigte er sich bei seiner einsamen Konfrontation mit der gesamten Nation auf dem Berge Karmel! Er besaß sogar die Verwegenheit, dem König knapp zu befehlen: „Zieh hinauf, iß und trink, denn es rauscht, als wollte es sehr regnen. Und als Ahab hinaufzog ..." (1. Kön. 18, 41-42). Zweifellos wurde seine Flucht vor Isebel weniger durch reine Furcht ausgelöst als vielmehr durch Mutlosigkeit, da die geistliche Bewegung, die er angefacht hatte, plötzlich stagnierte. Sein vorübergehender Rückfall zeigte nur an, daß er „ein schwacher Mensch war wie wir".

Vor allen Dingen aber war er ein Mann des Glaubens. Er hatte Gott in der Einsamkeit Gileads kennengelernt, und der Glaube wuchs mit der Übung. Er war bereits reifer geworden, als er Ahab zum ersten Mal herausforderte. Seine Worte waren gekennzeichnet von einer ruhigen Gewißheit, die einem

Wissen um die Pläne Gottes und einem Bewußtsein der ihm übertragenen geistlichen Autorität entsprang: „So wahr der Herr, der Gott Israels, lebt, vor dem ich stehe: es soll diese Jahre weder Tau noch Regen kommen, ich sage es denn" (1. Kön. 17, 1). Mit der Erfahrung von Gottes gnädiger Fürsorge am Bach Krith und in Zarpath konnte sein Glaube sich emporschwingen zu den Höhen des Dramas am Karmel. Im Gegensatz zu Caleb besaß er keinen Glauben, der niemals schwankte, obwohl sein Glaube späteres Versagen überwand und sich noch einmal mit derselben sichtbaren Bekundung wie auf dem Karmel erhob: „Bin ich ein Mann Gottes, so falle Feuer vom Himmel ... Da fiel Feuer vom Himmel" (2. Kön. 1, 10. 12). Das Anrufen Gottes, auf übernatürliche Weise einzugreifen, war kein Problem für seinen Glauben.

**Zurüstung**

Wie die meisten anderen Menschen, die Gott auswählt und gebraucht, mußte sich Elia im Verborgenen einem strengen Ausbildungsprogramm unterziehen. Er hatte sein dramatisches erstes Auftreten als Prophet gegeben und dem abgefallenen König und dem Volk das Gericht der Trockenheit verkündet. Nun mußte er in die Abgeschiedenheit beim Bach Krith gehen und für seinen nächsten Auftrag auf Gottes Zeit warten – eine harte Prüfung für einen Mann mit seinem Temperament. „Geh und verbirg dich", waren seine Instruktionen. Er mußte die schwierige Lektion, auch ohne äußere Hilfen die Gemeinschaft mit Gott zu bewahren, meistern. Das Warten auf Gott ist schwieriger, als etwas für ihn zu tun. Elia mußte viele Lektionen lernen, bevor er fähig war, Gottes Stellvertreter auf dem Berg Karmel zu sein. Ein Berg Karmel setzt immer einen Bach Krith voraus.

Am Bach Krith wurde sein Glaube geformt, gereinigt und zur Reife gebracht. Das Gebot Gottes verlangte an sich bereits einen Schritt des Glaubens. Würde nicht der Bach Krith wie alle anderen durch Elias selbstbewirkte Trockenheit austrocknen? Diese Lage trat auch wirklich ein: „Es geschah nach einiger Zeit, daß der Bach vertrocknete" (1. Kön. 17, 7). Aber der Prophet hatte ein Wort des Herrn, an dem sich sein Glaube festhalten konnte: „Ich habe den Raben geboten, daß sie dich dort versorgen sollen." Als jeden Tag das Wasser weniger wurde, bis nur noch ein kleines Rinnsal vorhanden war, klammerte sich Elias geprüfter Glaube immer fester an die Zusage Gottes. Zweimal täglich erhielt er Gottes Versorgung. Der Zweck des Baches Krith lag nicht nur darin, Elia vor dem Zorn Ahabs zu schützen, sondern auch darin, ihn auf seine zukünftige Aufgabe vorzubereiten, indem er ihn die Lektion der Abhängigkeit von Gott lehrte. Seine Erfahrung wurde zur Stärkung für viele andere Menschen, die an ihrem persönlichen Bach Krith saßen und die Ströme der irdischen Vorsorge vor ihren Augen austrocknen sahen. Gott hat immer noch seine Raben.

Geliebter, sollte der Bach austrocknen
und sollte keine sichtbare Hilfe
deine Augen erfreuen, dann warte und siehe,
wie Gott ein Wunder für dich bewirkt:
Es ist unmöglich, daß du Not leiden mußt,
denn Gott hat gesagt,
daß er die Seinen mit Brot versorgen will.
Sein Wort ist gewiß. Die Macht des Schöpfers
wird Stunde um Stunde für dich wirken,
und du wirst mit deinem ganzen Glauben bekunden
Gottes mächtige Hand, Gottes Herz voller Liebe.

M. E. Barber

Aber die am Bach Krith gelernten Lektionen mußten unter noch schwierigeren Umständen gemeistert werden in Zarpath – in dem Schmelzofen, so lautet die Bedeutung dieses Namens. Gott bereitet seine Lektionen sorgfältig vor und arrangiert alle Umstände so, daß sie in seinen Plan passen. „Mach dich auf und geh nach Zarpath, das bei Sidon liegt, und bleibe dort; denn ich habe dort einer Witwe geboten, dich zu versorgen" (1. Kön. 17, 9). Der Gehorsam gegenüber diesem Befehl beinhaltete eine Reise von einhundert Meilen durch ein Gebiet, das von Ahabs Häschern durchkämmt wurde. Bei seiner Ankunft in Zarpath entdeckte Elia, daß die heidnische Witwe, zu der Gott ihn geschickt hatte, gerade dabei war, das letzte Mahl für sich und ihren Sohn zu bereiten, um dann den Tod zu erwarten. Es ist nicht schwer, sich seine Reaktion vorzustellen. Von dieser Frau abhängig zu sein, versetzte seinem Stolz einen schweren Stoß. Er erholte sich jedoch schnell von diesem Schock. Der Glaube, der am Bach Krith gereift war, kam in Zarpath zur vollen Blüte, vertrauensvoll überließ Elia es Gott, ein tägliches Wunder zu vollbringen, um die Mutter, den Sohn und ihn selbst zu versorgen. Er stand in Verbindung mit dem lebendigen Gott. „Denn so spricht der Herr, der Gott Israels: Das Mehl im Topf soll nicht verzehrt werden, und dem Ölkrug soll nichts mangeln bis auf den Tag, an dem der Herr regnen lassen wird auf Erden … Und er aß und sie auch und ihr Sohn Tag um Tag" (1. Kön. 17, 14. 15). Die Qualität seines Lebens dort kann gemessen werden an der Tatsache, daß die Witwe ihn nach einem Jahr des täglichen Begegnens noch stets als einen Mann Gottes bezeichnete.

Als nächstes wurde Elia einer beispiellosen und dramatischen Prüfung gegenübergestellt – einem toten Kind. Wie antwortete sein Glaube auf diese unmögliche Herausforderung? Sein Vertrauen in die Wunder wirkende Kraft Gottes war ebenso schnell gewachsen, wie er Gott vertraut hatte. Das eine Wunder ist nicht größer als das andere. Der Herr, der das Mehl vor dem Abnehmen und das Öl vor dem Ausgehen bewahren konnte, der konnte auch diesem Notfall begegnen. „Er rief den Herrn an … Und der Herr erhörte die Stimme Elias, und das Leben kehrte in das Kind zurück, und es wurde wieder lebendig" (1. Kön. 17, 20-22).

Elia hatte seinen Zurüstungskurs jetzt abgeschlossen. Er hatte sich in der Prüfung als befähigt erwiesen, im Namen des Herrn zum Volk zu sprechen.

## Die Karmelkrise

Gott, der seinen Diener im Verborgenen zugerüstet hatte, offenbarte ihn jetzt in der Stunde der nationalen Krise. Es konnte keinen Mittelweg zwischen der Anbetung Gottes und der Anbetung Baals geben. Ein friedliches Zusammenleben dieser beiden entgegengesetzten Religionssysteme war nicht möglich. Elia warf den Vertretern Baals den Fehdehandschuh hin und forderte sie auf, Baals Macht mit der Jahwes zu messen: „Welcher Gott nun mit Feuer antworten wird, der ist wahrhaftig Gott" (1. Kön. 18, 24), so lautete seine in hohem Maße gerechte Herausforderung. Da Baal der Gott des Feuers war, sollte die Prüfung auf seinem eigenen Gebiet stattfinden. Der Ausgang war klar festgelegt: „Ist der Herr Gott, so wandelt ihm nach, ist's aber Baal, so wandelt ihm nach … Wie lange hinket ihr auf beiden Seiten?" (1. Kön. 18, 21). Jetzt war die Zeit gekommen, sich für oder gegen Gott zu entscheiden.

Die Bedeutung der Herausforderung verfehlte nicht ihre Wirkung auf die Israeliten. Erinnerten sie sich nicht an den brennenden Busch, an den rauchenden Sinai und an die Feuersäule – alles Symbole für die Macht und Gegenwart Jahwes? Der springende Punkt des jetzt folgenden Dramas war das Herabfallen von Feuer. Alles andere hatte als Vorbereitung für diesen Augenblick gedient, und man kann wichtige Dinge lernen aus dem, was diesem Ereignis voranging. Wenn wir die grundlegenden Tatsachen aufdecken, werden wir die Quelle geistlicher Erweckung finden.

Das Feuer Gottes fiel zu einer Zeit des nationalen Abfalls, als die Anbetung Jahwes ihren Tiefstand erreicht hatte. Zu einem solchen Zeitpunkt erweckte Gott Elia.

Das Feuer fiel, als der Prophet dem Befehl Gottes bedingungslosen Gehorsam leistete. Zuvor hatte der Befehl gelautet: „Geh und verbirg dich" am Bach Krith, und er war gehorsam gewesen. Nun lautete Gottes Wort: „Geh hin und zeige dich Ahab, denn ich will regnen lassen auf die Erde" (1. Kön. 18, 1). Ahab war der letzte, dem Elia zu begegnen wünschte, denn dieser hatte ihm drei Jahre lang nach dem Leben getrachtet. Aber er gehorchte ebenso bereitwillig wie zuvor. Gott segnete erst, nachdem Elia gehorsam gewesen war.

Das Feuer fiel erst, nachdem der Altar Jahwes wieder aufgebaut worden war (1. Kön. 18, 30). Der zerbrochene Altar sprach Bände. Der Karmel war offensichtlich eine Versammlungsstätte frommer Israeliten gewesen, aber der Altar war unbrauchbar und baufällig geworden. Die Anbetung Jahwes hatte aufgehört. Der Prophet nahm die zwölf Steine – er weigerte sich, die Teilung in das nördliche und das südliche Königreich anzuerkennen – und baute den Altar neu auf. Sein Ziel war ein wiedervereinigtes Volk unter der sichtbaren Gegenwart Gottes.

Das Feuer fiel erst, als das ganze Opfer auf den Altar gelegt worden war, denn das Feuer Gottes fällt niemals auf einen leeren Altar. Als Elia das letzte Stück auf den Altar gelegt hatte, leuchtete die Flamme auf.

Das Feuer fiel auch erst, nachdem jeder Betrug ausgeschaltet war. Elia ließ keinen Platz für falsches Feuer. Die Krüge mit Wasser hätten jeden verborgenen Funken gelöscht. Es sollte kein Betrug möglich sein. So zuversichtlich war der

Glaubensmann, daß Gott antworten würde, daß er es ihm so schwierig wie möglich machte, sein Gebet zu beantworten.

Das Feuer fiel, als Elia das Gebet des Glaubens betete. „Laß heute kundwerden, daß du Gott in Israel bist und ich dein Knecht und daß ich alles nach deinem Wort getan habe! Erhöre mich, Herr, erhöre mich, damit dies Volk erkenne, daß du, Herr, Gott bist“ (1. Kön. 18, 36. 37). Sein ruhiges Gebet stand in sonderbarem Gegensatz zu dem Toben der Baalspriester, als sie um ihren Altar sprangen, dabei ihre teilnahmslose Gottheit anriefen und sich selbst mit Spießen ritzten, bis das Blut herausfloß.

Bevor Elia das Gebet des Glaubens betete, lachte er das Lachen des Glaubens. Mit vernichtendem Sarkasmus hatte er die Baalspriester und ihren Gott verhöhnt: „Ruft lauter! Denn er ist ja ein Gott; er ist in Gedanken oder hat zu schaffen oder ist über Land oder schläft vielleicht, daß er aufwache“ (1. Kön. 18, 27). Mit dieser Äußerung vertraute Elia so rückhaltlos auf Gott, daß Gott seinen Diener, der sich auf ihn verließ, nicht im Stich lassen konnte.

Sobald das einfache Gebet um die Rettung der Ehre Gottes und seines Dieners dargebracht worden war, kam ein Blitz vom Himmel. „Da fiel das Feuer des Herrn herab.“ Opfer und Holz, Steine und Wasser waren gleichermaßen Brennstoff für die himmlische Flamme. Der Herzenswunsch des Propheten war erfüllt. Die Überlegenheit Jahwes war bewiesen. Die Gegenwart und Macht Gottes hatte sich wieder einmal unter seinem Volk offenbart. Sowohl die Ehre Gottes wie die seines Dieners war bestätigt worden. Die eitlen Ansprüche der Baalsanbeter waren enthüllt und zunichte gemacht worden. Gott entfachte erneut das Feuer, welches der Abfall gelöscht hatte.

Elias erste Handlung nach dem göttlichen Eingreifen war der Befehl an Israel, die Baalspriester eigenhändig zu töten. Alle Gegner des wahren Gottes mußten vernichtet werden. Nur das Fallen des Feuers vom Himmel gab ihm die moralische Autorität für eine derartige Säuberung. Es war eine Handlung von großer Härte; aber man darf nicht vergessen, daß Liebe auch Härte enthält. „Schau die Güte und den Ernst Gottes“ (Röm. 11, 22). Der Chirurg, der den todbringenden Krebs herausschneidet, ist nicht rücksichtslos.

**Finsternis**

Ein Mensch, der nicht niedergeschlagen sein kann, kann auch kaum Begeisterung empfinden. Aber Verzagtheit und Niedergeschlagenheit können einen Diener Gottes zum völlig unerwarteten Zeitpunkt überfallen. Der Augenblick des Sieges kann ein Augenblick der Gefahr sein. Elia hatte gerade das dramatischste Geschehen einer ganzen Generation hinter sich, ein Drama, in dem er die Hauptrolle gespielt hatte. Er war das göttliche Instrument bei der Vernichtung des Baalskultes gewesen. Er hatte gesehen, wie das Volk auf den Knien Jahwe als Gott anerkannte. War dies kein Grund zur Begeisterung? Aber plötzlich erschlaffte er. Sein erstaunlicher Mut versagte, und er floh vor dem Angesicht der Frau, der er gerade erst die Stirn geboten hatte. Unter dem Wacholderbaum klagte er: „So nimm nun, Herr, meine Seele; ich bin nicht besser als meine Väter" (1. Kön. 19, 4). Auf krankhafte Weise suchte er sich die Tatsachen heraus, die zu seinem inneren Zustand paßten, und klammerte sich an ihnen fest. „Sie trachten danach, daß sie mir mein Leben nehmen." Wir wissen nie, wann der Widersacher die vernichtende Waffe der Niedergeschlagenheit auf uns richten wird. Wie bei Elia mag uns das Geschoß treffen, wenn es dafür am wenigsten Grund zu geben scheint. Aber wenn wir näher zusehen, werden wir gewöhnlich feststellen, daß es bereits vorangehende Umstände gab, die es erklären. In Elias Fall gab es einen dreifachen Hintergrund für seine Verzagtheit.

Erstens gab es eine physiologische Ursache. Man bedenke den emotionalen Streß und die Spannung seines einsamen Gefechtes auf dem Karmel; die physische Anstrengung aufgrund seines dreißig Meilen langen Laufes nach Jesreel; die Intensität seines Gebetes; die nachfolgende Flucht vor Isebel und sein Fasten. Er war physisch und psychisch erschöpft und völlig unfähig, den Drohungen der rasenden Isebel in eigener Kraft zu begegnen.

Zweitens gab es eine persönliche Ursache. Beim Nachlassen der Spannung und bei seinem Aufbegehren machte Elia Gott Vorwürfe, und in einer sonderbaren Selbsttäuschung schrie er: „Ich bin nicht besser als meine Väter." Seine Selbstachtung hatte einen empfindlichen Schlag erhalten. „Ich habe sehr geeifert für den Herrn", so klagte er, was einschloß, daß er sich trotz seines Eifers „im Stich gelassen" vorkam. Sein zweimal wiederholtes „Ich bin allein übriggeblieben" (1. Kön. 19, 10. 14) zeigte sein Gefühl der Einsamkeit bei seiner Verehrung Gottes und vielleicht auch eine Spur Überheblichkeit. Er versank im Selbstmitleid.

Als letztes gab es eine geistliche Ursache. Elia war wahrhaftig ein Mann Gottes, und weder das Physische noch das Eigensüchtige waren die alleinige Ursache für seine Niedergeschlagenheit. Er hatte nach einer durchgreifenden und dauerhaften Neubelebung der wahren Religion in Israel verlangt und darum gebetet; aber das schöne Versprechen vom Karmel war größtenteils verschwunden, nachdem der lange versagte Regen einmal gefallen war. Die geistliche Bewegung war dahingeschwunden, und Elia glaubte, daß er immer noch allein wäre in seinem Eifer für die Sache Jahwes, er wäre ein Versager, und unter solchen Umständen wäre der Tod dem Leben vorzuziehen.

Gottes Handeln an seinem erschöpften Diener enthüllt Gottes liebevolle Fürsorge für den einzelnen. Er beantwortete Elias gereiztes Gebet nicht, denn er erkannte den wahren Beweggrund und wußte, daß die Bitte nur ein Ausbruch vorübergehenden Selbstmitleids war. Gottes Behandlung bestand darin, daß er Elia an einen einsamen Ort brachte, wo er mit ihm allein sprechen und sich ihm neu offenbaren konnte. Dann folgten zwei lange Schlafpausen, zwei in Gottes Küche zubereitete Mahlzeiten und einige ausgiebige Schluck vom Wasser aus dem Brunnen des Himmels! Dann kam die ermutigende Versicherung, daß Elia überhaupt nicht allein war, sondern daß er die Unterstützung besaß von siebentausend Menschen, die ihr Knie niemals vor Baal gebeugt hatten (1. Kön. 19, 18). Und von diesen siebentausend Menschen wurde ihm einer zur Gesellschaft gegeben.

Höre auf, du, der du klagst; hasse dich selber nicht mehr.
Glaube nicht länger, daß du an einer verlassenen Küste weilst,
weil die Felsen dir den unmittelbaren Blick versperren.

Selbst in dem gefallenen Israel sind Herzen und Augen,
die sich Tag für Tag wie die deinen im Gebet erheben,
Du kennst sie nicht, aber ihr Schöpfer kennt sie.

Geh, kehr zurück in die Welt, und fürchte dich nicht,

dein Brot auf die Wasser zu werfen in der Gewißheit,
daß es endlich nach vielen Tagen Freude bringen wird.

**Ein leises Flüstern**

Erfrischt und erneuert wanderte Elia zum Berg Horeb. Er war jetzt in einem physischen Zustand, der es Gott möglich machte, sich mit ihm im Blick auf seine gleichermaßen schwerwiegenden geistlichen Bedürfnisse zu befassen. Freundlich fragte er: „Was machst du hier, Elia?“ (1. Kön. 19, 9). Wenn Elia jemals von seinem Volk gebraucht wurde, so war es zweifellos in jenem Augenblick, als das Blatt sich wendete. Es war, als wenn Gott ihn fragte: „Warum hast du deinen Posten verlassen ohne meinen Befehl? Wenn der Führer seinen Posten aufgibt, was geschieht dann mit seinen Anhängern?“ Aber Elia, der noch nicht ganz frei war vom Selbstmitleid, schützte übermäßigen Eifer vor, anstatt das Versagen des Glaubens zu bekennen.

Da begann Gott durch die Stimme der Natur zu ihm zu sprechen. Elia war so tief verwirrt und beunruhigt, daß das Toben der Elemente eine Erleichterung war. Zuerst gab es einen schweren Sturm, der Felsen zerbrach und Bäume entwurzelte. Elia war beeindruckt, aber es berührte ihn nicht. Ein mächtiges Erdbeben ließ den Berg zittern und den Grund unter seinen Füßen sich spalten. Elias eigensinniges Haupt beugte sich nicht. Als nächstes sprang ein Feuer von Felsenspitze zu Felsenspitze, und der Himmel war voll leuchtender Blitze. Elias Geist blieb ungebrochen.

Aber Gott kann mit einem unwiderstehlichen Flüstern sprechen. „Nach dem Feuer kam ein stilles, sanftes Sausen“ (1. Kön. 19, 10-14). Dessen Ursprung war verborgen, und es lag Zartheit in seiner Frage: „Was machst du hier, Elia?“ Während ihn die Majestät der Natur nicht berührt hatte, brach die große Freundlichkeit Gottes sein tiefstes Innerstes auf, und Elia schluchzte seine Klage heraus. Sein halsstarriger Wille war gebrochen und bezwungen. Rückhaltlos sagte er Gott genau, wie er sich fühlte.

Durch das dargebotene Gleichnis lernte Elia eine weitere grundlegende Lektion. Während er entsprechend seinem eigenen Wesen glaubte, daß Gottes einzige Methode der geistlichen Erneuerung eine Bewegung sei, die ebenso unwiderstehlich wie der Wind, ebenso erschütternd wie das Erdbeben und ebenso furchteinflößend wie der Waldbrand sei, so lernte er jetzt, daß

Gottes Stimme noch eindringlicher war, wenn sie sanft flüsterte. Das Gericht allein würde Gottes Volk niemals umgestalten. Um die Sprache des Neuen Testaments zu gebrauchen: er lernte, daß das Flüstern von Golgatha unendlich stärker ist als die Donner vom Sinai, um Menschen zur Buße zu bringen. Gnadenreiche Liebe erreicht mehr als ein grimmiges Gesetz.

Nicht in dem Erdbeben, dem Wind und dem Feuer,
in den Elementen, die rasen und toben,
sondern in dem leisen Flüstern ist zu hören
Gottes Botschaft für diese schwierige Zeit.

Aber wer kann jene Stimme der Liebe hören?
Nur der Demütige, der Stille, der Geringe.
Die Lauten, die Lärmenden, die Stolzen,
sie können jenen leisen, sanften Ruf nicht wahrnehmen.

Und möchten wir seine Diener sein?
Dann muß unser fleischliches Streben aufhören.
Wir müssen ein leises Flüstern werden,
um anderen himmlischen Frieden zu bringen.

Max I. Reich

**Ein Mann des Gebets**

Das grundlegende Geheimnis von Elias Dienst, das im Neuen Testament betont wird, ist sein Beten. „Elia war ein schwacher Mensch wie wir; und er betete ein Gebet, daß es nicht regnen sollte, und es regnete nicht auf Erden drei Jahre und sechs Monate. Und er betete abermals, und der Himmel gab Regen ... Des Gerechten Gebet vermag viel, wenn es ernstlich ist“ (Jak. 5, 16-18). Elia war ein schwacher Mensch wie wir, aber in seinen Gebeten unterschied er sich sehr von den meisten von uns. Die Stärke seines Gebetes im Verborgenen machte ihn unabhängig von der Öffentlichkeit.

Ein Mensch offenbart sein wahres Ich durch die Art und Weise, wie er betet. Elias kurzes Gebet auf dem Berg Karmel bietet wertvolle Einblicke in seinen Charakter und seine Beweggründe. Drei Punkte treten hervor:

Er war ergriffen von einem verzehrenden Trachten nach der Ehre Gottes. Das stand in seinem Denken und Beten an erster

Stelle. „Laß kundwerden, daß du Gott bist“ (1. Kön. 18, 36). Seine Seele war erfüllt mit einer heiligen Eifersucht für den Namen Gottes: „Ich habe für den Herrn, den Gott Zebaoth, geeifert“ ( 1. Kön. 19, 14 ).

Ihm genügte es, ein Knecht Jahwes zu sein. „Laß kundwerden, daß ich dein Knecht bin.“ Er erkannte Gottes absolutes Eigentums- und Führungsrecht an.

Er war den göttlichen Befehlen bedingungslos gehorsam: „Ich habe alles nach deinem Wort getan.“ Sein Dienst und seine prophetischen Aussagen hatten ihren Ursprung nicht in ihm selber.

Elias Macht im Gebet schoß nicht wie ein Pilz aus dem Boden. Sie war der Ausdruck einer sich immer mehr vertiefenden Vertrautheit mit Gott. Die Sammlung Israels auf dem Karmel war nicht das Werk eines einzigen Tages, und sein Gebet bei diesem Anlaß war nur der Brennpunkt der Tage, die diesem vorausgegangen waren. Er hatte die Macht des Gebetes unter Beweis gestellt, als er um Dürre gebetet hatte. Inbrünstiges Gebet würde das Feuer ebenso bringen wie den Regen. Man sollte festhalten, daß Elia bei seinem Gebet um Dürre als Gericht über den Götzendienst Israels eine göttliche Vollmacht besaß (5. Mose 11, 17).

Elias Gebet um Regen (1. Kön. 18, 42-45) ist voller Lektionen für die betende Seele. Seine Haltung war bedeutsam: „Er bückte sich zur Erde und hielt sein Haupt zwischen seine Knie“ – ein Ausdruck der Demut und des Glaubens. Er schaute nicht nach oben, um zu sehen, ob der Regen kam; sein Glaube erforderte nicht die Stärkung durch das Sehen. Wiederum ist seine Beharrlichkeit bemerkenswert. Siebenmal sandte er seinen Diener, um den Himmel zu überprüfen. Dessen wiederholte Mitteilung: „Es ist nichts da“, veranlaßte ihn zu noch ernsthafterem Gebet, anstatt ihn zu entmutigen. Das scharfe Ohr seines Glaubens hatte bereits das Rauschen des Regens wahrgenommen, und er beharrte im Gebet, bis er auch sah, was er bereits gehört hatte. Beim Beten ist es gewöhnlich so, daß wir dazu neigen, den Mut zu verlieren, wenn wir „zum siebten Mal“ um etwas beten. Und so verscherzen wir uns die Antwort. In Elias Gebet ist die Reihenfolge aufschlußreich. „Es ist nichts da.“ „Es steigt eine kleine Wolke auf.“ „Es kam ein großer Regen.“ Dies ist das Gebet des Glaubens. Zuvor hatte sein aufsteigendes Gebet das herabfallende Feuer gebracht. Jetzt brachte es die herabfallende Regenflut.

## Wiederherstellung

Elias großer Einfluß auf Israel wurde niemals wieder ganz hergestellt nach seiner verächtlichen Flucht vor Isebel. Er wurde niemals wieder ganz „der alte", und er erreichte sein bisheriges Wirkungsvermögen als Reformator nie wieder in vollem Maße. Er verlor die Möglichkeit, die siebentausend Gläubigen in eine tiefere Gotteserkenntnis sowie das Volk nach der anfänglichen Erweckung zu höheren Höhen zu führen. Gott mußte ihn die demütigende Lektion lehren, daß er nicht unentbehrlich war. Elias Ruhm verblaßte, aber er selber wurde nicht auf die Seite geschoben. In seiner Gnade gab Gott ihm einen neuen Auftrag. Er sollte drei Männer salben, die Gott zur Erziehung seines Volkes gebrauchen wollte – Hasael, der die Rute für Gottes Vergeltung an Israel war; Jehu, der die Geißel für das Haus Ahabs war; Elisa, der nach Elia die Sache Gottes vertrat. Elia wurde später damit beauftragt, Ahabs Untergang anzukündigen wegen dessen Verbrechen an Naboth. Sein erneutes furchtloses Treten vor den König und die Königin tilgte den Makel seiner vorangegangenen Feigheit. Noch einmal bewies er seine Macht, Feuer vom Himmel zu rufen, als bewaffnete Gruppen zu ihm kamen, um ihn gefangenzunehmen. Er sorgte für den steten Schein des prophetischen Lichtes, indem er Prophetenschulen, die theologischen Seminare jener Zeit, gründete.

Elias irdische Laufbahn erreichte einen angemessenen Höhepunkt. Nichts paßte besser zu ihm als die Art und Weise, wie sein Erdendasein beendet wurde. „Da kam ein feuriger Wagen mit feurigen Rossen, die schieden die beiden voneinander. Und Elia fuhr im Wetter gen Himmel" (2. Kön. 2, 11). Der Prophet des Feuers, der den Gott des Feuers erfolgreich herausforderte, fuhr auf zum Himmel in einem Feuerwagen.

Aber diesem majestätischen Bild folgte ein noch herrlicheres. „Jesus ward verklärt ... da erschienen ihnen Mose und Elia; die redeten mit ihm" (Matth. 17, 1-3). Mose, dessen Aufgabe die Schaffung des auserwählten Volkes war; Elia, dessen Aufgabe die Erneuerung des abgefallenen Volkes war. Und das Thema ihres Gespräches? „Sein Tod, den er in Jerusalem vollbringen sollte." Der feurige Prophet wurde unmittelbar in das Reich Gottes aufgenommen.

Hier ist ein Beispiel eines himmlischen Gesprächs. Die zwei

großen Repräsentanten des Judentums – des Gesetzes und der Propheten – übergaben ihre Amtsgewalt offiziell dem Lamm Gottes. Ihr Werk war vollbracht, und sie sprachen über das Geheimnis des Kreuzes, seine Majestät, seine unaussprechliche Herrlichkeit. Mose und Elia verschwanden, und die ehrfürchtigen Jünger sahen „niemand als Jesus allein“ (Matth. 17,8).

# Jesaja
# Der Prophet, dessen Lippen mit Feuer berührt wurden

*Unter allen Propheten des Alten Testamentes gibt es keinen, der einen markanteren Platz einnimmt als Jesaja, der Sohn des Amoz. Von ihm wurde gesagt, daß er mit dem Evangelium auf den Lippen starb. Nirgendwo gibt es deutlichere Verheißungen über den Messias als bei ihm, und bei keinem anderen Propheten wird die Königsherrschaft des Messias in lebens- und verheißungsvolleren Farben dargestellt.*

*Die prophetische Vision Jesajas wird nicht durch die engen Grenzen seiner Zeit und seines Landes eingeschränkt; er sieht die Entstehung der Kirche Gottes und die Vereinigung von Juden und Heiden vor sich. Der Tag wird kommen, so erklärt er, wo Ägypten und Assyrien, die Repräsentanten der ungläubigen Weltmächte, sich Israel anschließen werden, um den einen wahren Gott anzubeten, wenn der Herr der Heerscharen sagen wird: „Gesegnet bist du, Ägypten, mein Volk, und du, Assur, meiner Hände Werk.“ Die Weissagungen Jesajas bilden sozusagen eine Brücke zwischen dem alten und dem neuen Bund.*

A. H. Sayce

„Die Weltgeschichte ist lediglich die Biographie großer Männer“, sagte Thomas Carlyle. Der Prophet Jesaja nimmt zweifellos einen bedeutenden Platz ein unter den großen Männern der Geschichte. Ob als Staatsmann, Historiker oder Prophet, er erfüllte seine Aufgaben auf ausgezeichnete Art und Weise. Das Buch, das er schrieb, ist Literatur von höchster Qualität. Diesbezüglich schrieb Professor R. G. Moulton, der sich sein Leben lang mit der Weltliteratur befaßte: „Es kann mit Sicherheit gesagt werden, daß an keiner anderen Stelle der Weltliteratur so viele und so große Gedanken im Rahmen eines einzigen Werkes zusammengetragen wurden.“

Und dennoch wissen wir über den Autor selber nur sehr wenig. Es gibt nur zwei oder drei sehr flüchtige Einblicke in sein Leben, aber diese sind ausreichend, um den Schlüssel zu seinen außergewöhnlichen Erfolgen in seiner Laufbahn und in seinem Dienst zu liefern. Sein Charakter kann am besten beurteilt werden anhand der Qualität der Schriften, in denen er seine Leser an einigen seiner persönlichsten geistlichen Erfahrungen teilhaben läßt.

Jesaja lebte zur Zeit der langen und schillernden Herrschaft des Königs Usia, während einer Herrschaft, in der Pracht und Wohlstand zunahmen, die aber mit einer dunklen Tragödie endete. Usia war einer der vielen, die die Gefahren der Not überlebten, aber den subtileren Listen des Reichtums erlagen. Die jüdische Tradition brachte Jesaja in Zusammenhang mit der königlichen Familie, wobei sein Vater Amoz der Sohn des Joas und der Bruder Amazjas, des Königs von Juda, sein soll. Wenn dies tatsächlich der Fall war, dann hatte Jesaja mit dem König Usia mehr als nur gelegentlichen Kontakt.

Jesajas Worte und seine Taten weisen darauf hin, daß er ein Mann von außerordentlicher Kühnheit und Rechtschaffenheit war. Obwohl kompromißlos in seinem Kampf gegen Sünde und Ungerechtigkeit, war er doch nicht nur streng. In seiner Prophetie gibt es Abschnitte von unvergleichlichem Mitleid und Zartgefühl. Die ganze Atmosphäre ist liebevoll, geisterfüllt und ehrfürchtig. Jesaja war weder eng in seinen Ansichten noch in seinen Sympathien, sondern besaß einen weiten Horizont. Seine Sorge galt ebenso den heidnischen Nationen wie Juda, dem er zuerst verantwortlich war. Er hatte einen wahrhaft missionarischen Blick. In seiner Prophetie gebrauchte er ein rhetorisches Prinzip, ein Spiel mit Worten, wobei er seinen eigenen Namen und den seiner beiden Söhne mit großer Kraft und Schönheit vorstellt. Sein eigener Name bedeutete „Jahwe ist Heil".

Der bedeutsamste Teil der Autobiographie steht in Zusammenhang mit der Vision, über die in Kapitel sechs berichtet wird und die die größte Krise seines Lebens bewirkte. In der Erfahrung, über die er hier berichtet, sind die zentralen Züge seiner Botschaft enthalten. Aufgrund ihrer erheblichen Bedeutung und der wertvollen geistlichen Prinzipien, die sie offenbart, wird diese Offenbarung in dieser Studie einen breiten Raum einnehmen. Obwohl sich die Umstände von Jahrhundert zu Jahrhundert ändern, ist Gott unveränderlich, und das Herz des Menschen bleibt im Grunde dasselbe. Jesajas Berufung und Weihung zum Dienst sind daher bedeutsam für den Diener Gottes von heute.

## Der Hintergrund der Vision

Der Tod Usias nach einer dauerhaften Herrschaft von zweiundfünfzig Jahren löste eine schwere Krise im Königreich Juda aus. Seine Herrschaft war die glänzendste und blühendste seit der Zeit Salomos gewesen, und das Land hatte sich eines nahezu ununterbrochenen Friedens erfreut. Aber plötzlich war Usias Herrlichkeit verschwunden. Der Schlag des Gerichtes, der ihn zu einem Aussätzigen machte (2. Chron. 26, 21), war Gottes Antwort auf seine wachsende Arroganz und Anmaßung. Dieses Gerichtshandeln war bereits ein Schock für die auf die schiefe Bahn geratene und selbstzufriedene Nation, aber der Tod des Königs bedeutete für sie einen niederschmetternden Schlag.

Da er ein großer Patriot war, hatte Jesaja die Vision seiner Landsleute von der zukünftigen Herrlichkeit Judas von Herzen geteilt, aber der Tod des Königs zerbrach seine Hoffnungen und Träume. Das Idol seiner Jugend war als Aussätziger gestorben, abgeschnitten vom Hause Gottes. Das war der Hintergrund der dreidimensionalen Vision, die ihn zerbrach und dennoch aufrichtete. Man erinnere sich, daß die Jünger, erfüllt mit Vorstellungen von einem nationalen Aufstieg, nach seiner Auferstehung Jesus fragten: „Herr, wirst du in dieser Zeit aufrichten das Reich für Israel?" (Apg. 1, 6). Die Antwort war ein scharfer Tadel ihrer eigensüchtigen nationalistischen Bestrebungen und richtete die Aufmerksamkeit der Jünger auf ihre geistliche Verantwortung gegenüber einer verlorenen Welt. So war es auch mit Jesaja. In der Stunde der Trostlosigkeit gewährte ihm Gott eine Vision von sich, die die Dinge in die richtige Perspektive rückte, und er bereitete ihn damit vor auf den Dienst an seinem Volk und in der Tat an der ganzen Welt.

Obwohl die Vision in Kapitel sechs geschildert wird, ist sie, chronologisch gesehen, wahrscheinlich viel eher zu datieren. Es ist nicht anzunehmen, daß Jesaja seinen prophetischen Dienst vor dieser alles verändernden Vision schon ausübte. Wahrscheinlich war es gerade diese Vision, die ihn erst in die gewichtige prophetische Rolle einführte, die er später ausfüllte. Professor G. A. Smith meint, daß die Antwort auf die Frage, warum die Vision nicht in den ersten fünf Kapiteln berichtet wird, einfach ist: „Aller Wahrscheinlichkeit nach wurde Kapitel sechs nach den vorangegangenen Kapiteln niedergeschrieben, und bei dem, was Jesaja dort niederschrieb, handelt es sich nicht nur um die Geschehnisse in den ersten Monaten seines Prophetenlebens, sondern auch um das, was seine Erfahrung seither war und auszeichnete ... Tatsächlich ist es der geistliche Prozeß, den der Prophet vor Beginn seines Dienstes durchlief. Aber dieser Prozeß ist erweitert worden um die darauffolgende Erfahrung ..."

Obwohl Kapitel fünf dem Kapitel sechs, chronologisch gesehen, wohl nicht vorausgeht, stellte es Jesaja an diese Stelle, weil es den Hintergrund seiner Vision und Berufung näher erhellt. In diesem Kapitel befaßt sich Jesaja eingehend mit den Sünden seiner Umwelt und ist überwältigt von den augenfälligen Beweisen des nationalen Verfalls um sich herum, denn Juda folgte schnell den Spuren des abtrünnigen Israels. Als Prophet Gottes mußte er die nationalen und sozialen Sünden seines Volkes anprangern. Er sah die Habgier der Menschen und ihre übermäßige Liebe zum Reichtum (Jes. 5, 8). Der Besitz befand sich in der Hand einiger weniger, was ein großes Übel in einer landwirtschaftlichen Gemeinschaft ist. Jesaja beschrieb ihre Ausschweifungen, Verschwendung und übermäßige Vergnügungssucht (Jes. 5, 11), ihren Spott und Trotz gegenüber Gott (Jes. 5, 18), ihre moralische Verwirrung und die Preisgabe von Idealen (Jes. 5, 20), ihren politischen Eigendünkel und Egoismus (Jes. 5, 21), die Bestechung in den höchsten Ämtern der Regierung (Jes. 5, 23).

Wie schrecklich modern und zeitgemäß das alles klingt – als ob man die Zeitung läse! Als Jahwes Zeuge war Jesaja voller Empörung und verkündigte laut seine Weherufe. Jesaja war schonungslos, und doch wäre er, auch wenn er es erkannt hätte, nicht geeignet gewesen für diese Aufgabe der öffentlichen Verurteilung. Dieser Dienst konnte nur von einem Mann, der selber zerbrochen war, wirkungsvoll erfüllt werden. Es fehlte noch immer ein Faktor in Jesajas Leben, den Gott auf seine eigene sachkundige Art und Weise hineinbringen wollte. Die Stunde der nationalen Krise sollte der Zeitpunkt sein für die Begegnung des Propheten mit Gott, bei der er einen Einblick in die unverhüllte Herrlichkeit, Majestät und Heiligkeit, in der Gott lebt, erhalten sollte. Niemals wieder in seinem Erleben sollte der Mensch ihm so unheimlich groß vor Augen stehen, daß Gott im Vergleich dazu klein erschien. Er sollte Gott schauen als den einen, der „bestimmt hat, wie lange und wie weit die Menschen wohnen sollen" (Apg. 17,26).

## Die Bestandteile der Vision

Die umfangreiche Offenbarung, die Gott Jesaja nach dem Tode des Königs gewährte, hatte drei Aspekte. Zuerst hatte Jesaja ein Gesicht über Gott selber: „Ich sah den Herrn." Als zweites sah er sich selbst: „Wehe mir, ich vergehe!" Und als drittes sah er das Wesen seines Dienstes sowie sein Wirkungsgebiet: „Geh hin und sprich zu diesem Volk" (Jes. 6, 9). Die Reihenfolge ist wichtig, und die Lektion ist unerläßlich für jeden Diener Gottes zu allen Zeiten. Der Anblick Gottes in seiner Reinheit und Vollkommenheit kommt an erster Stelle. Dadurch sieht Jesaja zwangsläufig, wie unwürdig er selber ist. Nur so wird er in der Lage sein, auf die Vision des Dienstes zu antworten. Nur wenn er in der Gegenwart Gottes sprachlos geworden ist, wird er fähig sein, für Gott zu sprechen.

## Die prophetische Schau Gottes

Diese Vision, die einen unauslöschlichen Eindruck auf den jungen Propheten machte, hat fünf Merkmale.

Die Erhöhung von Gottes Thron war eine neue Vorstellung für ihn: „Ich sah den Herrn sitzen auf einem hohen und erhabenen Thron." Es war für Jesaja nichts Neues, einen König auf einem Thron sitzen zu sehen, wenn Usia sein Verwandter war, aber niemals hatte er einen so hochragenden, eindrucksvollen Thron wie diesen gesehen. Wie klein war in diesem Licht eine Person wie Usia in Wirklichkeit! Nie zuvor hatte Jesaja einen Thron gesehen, auf dem der Herr der Heerscharen saß. Er wußte, was ein Thron an sich bedeutete: ein Symbol der Herrschermacht. Und es entging ihm die Bedeutung dieser Schau nicht – Gott, der unendlich über seine Geschöpfe erhaben ist, hält das Zepter des Herrschertums und universale Macht in seiner Hand; Gott, der unendlich größer und majestätischer ist als seine höchste Vorstellung oder sein höchstes Ideal. Während der Thron Judas schwankte, blieb der Thron Gottes fest und ewig.

„Gott ist immer größer als alles, was über ihn gesagt werden kann", schrieb Dr. A. W. Tozer. „Er ist erhabener als alle Erhabenheit; höher als jede Höhe; tiefer als jegliche Tiefe; herrlicher als jede Pracht; majestätischer als alle Majestät; gnädiger als alle Gnade; gerechter als alle Gerechtigkeit."

Jesaja sah Gott auf seinem erhabenen Thron als den König aller Zeiten, den König aller Nationen, der die Macht des ganzen Universums in seiner Hand hält. Dieses Thema entfaltet er im vierzigsten Kapitel seiner Prophetie. „Dein Reich ist ein ewiges Reich" (Ps. 145, 13). Der Mensch ist ein Sklave der Zeit. Gott ist der König der Ewigkeit. Er bewegt sich ohne Eile durch die Zeiten, beherrscht alle Dinge und lenkt sie zur Erfüllung seiner gütigen Ziele.

Das nächste, das Jesajas Aufmerksamkeit gefangennahm, war die Verehrung und der selbstlose Dienst der „Hofleute" Gottes. „Seraphim standen über ihm" – besser gesagt: „um ihn herum"; ein jeder hatte sechs Flügel: mit zweien deckten sie ihr Antlitz, mit zweien deckten sie ihre Füße, und mit zweien flogen sie. Und einer rief zum anderen und sprach: Heilig, heilig, heilig ist der Herr Zebaoth, alle Lande sind seiner Ehre voll!" (Jes. 6, 2.3).

Um den erhöhten Herrn standen die geflügelten Seraphim, um die Erhabenheit des Bildes zu betonen. Die symbolische Haltung dieser „Höflinge" war tief beeindruckend. Sie waren im wesentlichen verborgene Diener, die die allgemeine Aufmerksamkeit nicht von dem König auf ihre eigene Person lenkten. „Sogar ihre eigene überirdische Schönheit bedeckten sie vor den Blicken anderer. Ihre Arbeit, angedeutet durch ihre Füße, geschah im Verborgenen, und sie eilten zu neuen Aufgaben, ohne anzuhalten und darüber nachzudenken, was sie getan hatten."

Ihr Wechselgesang „Heilig, heilig, heilig ist der Herr Zebaoth" beeindruckte Jesaja so tief, daß er wieder und wieder in seiner Prophetie auftaucht. „Der Herr Zebaoth (der Heerscharen)", der Titel, der Gottes Allmacht betont, erscheint etwa sechzigmal, während der Titel „der Heilige Israels", der Gottes Heiligkeit und fleckenlose Rechtschaffenheit hervorhebt, dreißigmal vorkommt. Von ihrer erhabenen Position aus sahen die Seraphim alle Gottlosigkeit in Juda, die auch Jesaja sah, und sie schauten noch viel tiefer. Aber sie vertrauten auf die Fähigkeit Gottes, alles Böse zu besiegen und seine Pläne sogar durch das sündige Juda zustande zu bringen.

Dann gab es die spürbare Offenbarung der göttlichen Gegenwart: „Und die Schwellen bebten von der Stimme ihres Rufens, und das Haus ward voll Rauch“ (Jes. 6,4). Man wird daran erinnert, daß es eine ähnliche Offenbarung der Gegenwart Gottes am Sinai gab: „Der ganze Berg Sinai aber rauchte, weil der Herr auf den Berg herabfuhr im Feuer ... und der ganze Berg bebte sehr“ (2. Mose 19, 18). Auch zu Pfingsten „geschah plötzlich ein Brausen vom Himmel wie eines gewaltigen Windes ... und Zungen, zerteilt, wie von Feuer ...“ (Apg. 2, 2-3). Alles in diesen unmißverständlichen Zeugnissen übernatürlicher Macht erweckte die Ehrfurcht des Menschen vor Gott.

Aber die übernatürliche Offenbarung dieser Vision bestand in dem Rauschen der Autorität Gottes. „Sein Saum füllte den Tempel“ (Jes. 6,1).

> Kein Gesicht, nur das Erblicken
> eines rauschendes Gewandes, das weit und weiß
> und mit einem Saum versehen war, den ich nicht erkennen konnte.
>
> Browning

Für Jesaja war dies ein völlig neuer Gedanke. Er war vertraut mit den Abstufungen der Heiligkeit im Tempel: Da war der äußere Vorhof, den alle Menschen betreten durften; das Heiligtum, das zu betreten nur den Priestern erlaubt war; das Allerheiligste, der stille Raum, in dem die ehrfurchtgebietende Gegenwart Gottes wohnte. In diesen heiligen Raum durfte nur der Hohepriester einmal im Jahr eintreten, und das nicht ohne das Opferblut. Aber nun wurde Jesajas Vorstellungen von Heiligkeit auf den Kopf gestellt. Der Saum jenes königlichen Gewandes erfüllte den Tempel vom Allerheiligsten bis hin zu den letzten Außenwänden. „Das Gewand des Allmächtigen füllte einen völlig unerwarteten Raum.“ Von nun an konnte es für Jesaja keine Trennungslinie mehr geben zwischen dem Sakralen und dem Säkularen, dem Weltlichen. Kein Lebensbereich konnte von der Gegenwart und absoluten Autorität Gottes ausgenommen werden.

Jesajas Reaktion auf das Gesicht wird von Johannes wie folgt zusammengefaßt: „Solches sagte Jesaja, da er seine Herrlichkeit sah, und redete von ihm“ (Joh. 12, 41). Die Seraphim hatten gerufen: „Alle Lande sind seiner Ehre voll.“ Jesaja hatte das Vorrecht, einen Blick darauf zu werfen, und er war danach nie wieder derselbe. Die Vision von Gottes Herrlichkeit wurde die inspirierende Quelle seines ganzen Dienstes.

### Die Erkenntnis des eigenen Wesens

Die Gottesschau endet zwangsläufig mit der Erkenntnis und mit einem Gefühl der Unwürdigkeit und Unreinheit. Die beseligende Schau Gottes ließ Mose klein werden. Sie zeigte Daniel die Verdorbenheit nicht nur in den Dingen, in denen er versagt hatte, sondern auch in den Dingen, die er für seine Tugenden gehalten hatte. Sie machte Saulus blind. Sie warf Johannes auf sein Angesicht. Sie brachte Jesajas Selbstzufriedenheit ins Wanken.

Wir alle schrecken instinktiv vor der Peinlichkeit dieser subjektiven Einsicht zurück. Wir neigen dazu, auf Prediger, deren Botschaft uns persönlich trifft, ablehnend zu reagieren, weil eine solche Botschaft das Bild, das wir von uns selber haben, abwertet. Eine objektive Botschaft, die uns nicht an die Substanz geht, ist uns viel lieber. Aber Gott ist nicht so freundlich. Wenn wir es ihm erlauben, wird er unbarmherzig jegliche Tarnung abreißen, und zwar sowohl die bewußte als auch die unbewußte, und uns zeigen, wie er uns sieht und wie wir wirklich sind.

Aus diesem Aspekt von Jesajas Vision ergab sich dreierlei. Zuerst war da der Zusammenbruch seiner Selbstzufriedenheit „Wehe mir, ich vergehe!" (Jes. 6,5). Jesaja war kein lasterhafter Mensch. Tatsächlich war er, nach menschlichen Maßstäben beurteilt, wahrscheinlich der rechtschaffenste Mann im ganzen Volk. Aus der Sicht des Gesetzes war er wie Paulus untadelig. Aber als er in das blendende Licht der Heiligkeit Gottes kam, konnte er nur noch wie ein Aussätziger schreien: „Unrein, unrein!" Er entdeckte, daß Gott ohne Ende allem Bösen widerstand, selbst bei denen, die behaupteten, eine innige Beziehung zu ihm zu haben.

Heute sagt man im allgemeinen, daß der Mensch vor allem mehr Selbstvertrauen und Selbstbewußtsein brauche. Wenn wir anhand der Erfahrung Jesajas urteilen sollen, dann zeigt uns Gott, daß das, was wir am nötigsten brauchen, Demut ist, sowie ein so starkes Bewußtsein unserer eigenen Unzulänglichkeit, daß es uns zu Gott zurücktreibt, Jesajas erster Schritt zu einer größeren Brauchbarkeit bestand in dem völligen Zusammenbruch der Selbstzufriedenheit, die seine bisherigen Äußerungen gekennzeichnet hatte. Er hatte seine Weherufe auf andere niederprasseln lassen, ohne zuerst von sich selbst gesagt zu haben: „Wehe mir!“ Nun war er überwältigt von Scham und Abscheu vor sich selbst. Wie der Hohepriester Josua (Sach. 3, 3) sah er sich unerwartet in schmutzigen Gewändern – und daher untauglich für sein erhabenes Amt – vor Gott stehen. Wie konnten seine unreinen Lippen eine solche Botschaft weitergeben?

Es ist weder notwendig noch nützlich, sich dauernd eingehend zu prüfen und zu analysieren, aber wir können es uns nicht leisten, uns selber so leicht davonkommen zu lassen. Wir müssen den Verteidigungsmechanismus aufgeben, der so wirkungsvoll funktioniert, wenn Gott beginnt, unsere Herzen zu erforschen.

Der Prophet war fassungslos angesichts dieser Offenbarung seiner selbst. Kein Wort der Selbstrechtfertigung kam über seine Lippen, nur das spontane Bekenntnis seiner Sünde: „Ich bin erledigt, verloren, am Ende“, wie es andere Übersetzungen ausdrücken. Jesaja hatte die erste Lektion seines himmlischen Lehrers verstanden.

Die Vision führte zu der Enthüllung seiner Unwürdigkeit: „Ich bin unreiner Lippen“ (Jes. 6,5). Und wie kann ein Mann mit unreinen Lippen ein Botschafter des Gottes sein, dessen Augen zu rein sind, als daß er Böses ansehen könnte (Hab. 1, 13). Die Sprache ist die Waffe des Propheten, und gerade was seine Sprache anbetraf, überführte ihn Gott. Jesaja hatte nicht nur ein unbestimmtes Gefühl von Sünde. Es war konzentriert auf einen Punkt. Charles G. Finney vertrat die Meinung, daß „der Mensch, der einer Sünde schuldig ist, jeder Sünde überführt ist, daß aber derjenige, der jeder Sünde überführt ist, keiner Sünde mehr schuldig ist“. Jeder Mensch hat sein eigenes Bewußtsein von Sünde. Wenn wir in die Gegenwart Gottes kommen, werden wir nicht dazu gebracht, unsere Sündhaftigkeit auf eine allgemeine und unbestimmte Art und Weise zu erkennen. Der Geist Gottes richtet unsere Aufmerksamkeit gewöhnlich auf einen bestimmten Teil unseres Lebens und wendet dann unsere Gedanken von speziellen sündigen Taten auf die zugrundeliegende Wesensart, der sie entspringen.

Der Auftrag des Propheten bestand darin, Gottes Heiligkeit zu verkünden sowie sein Gericht über die sündige Nation anzusagen. Aber sollte er nicht zuerst das Urteil über sich selbst sprechen? Jesaja hatte zweifellos die Unzulässigkeit eines aussätzigen Usia auf den Thron Judas kritisiert, aber jetzt schrie er: „Ich bin unreiner Lippen.“ Früher hatte er von der Höhe seiner eigenen Selbstgerechtigkeit aus die Verdorbenheit der Nation angeprangert. Aber nachdem er die tief erschreckende Heiligkeit Gottes erkannt hatte, prangerte er sich nun selber an, und er spürte, daß er keine Botschaft zu bringen hatte.

Menschen, die für den Herrn tätig sind, beeinträchtigen ihre Brauchbarkeit mehr durch Sünden der Rede als durch irgend etwas anderes. Die groben Sünden des Fleisches werden gemieden, aber die Sünden der Lippen werden geduldet und verziehen. Als Jesaja von unreinen Lippen sprach, dachte er nicht an eine unsaubere Art des Redens. Er führte eine solche Sprache nicht. Er wußte, daß es eine Sprache gab, die in Gottes Augen viel schlimmer war – arrogante und stolze Worte; sarkastische, verletzende Worte; kalte, lieblose Worte; unaufrichtige, scheinheilige Worte; gedankenlose, tratschsüchtige Worte; ärgerliche, beißende Worte; übertriebene und unwahre Worte. Wie leicht ist es, Wahrheit in rein äußerlichen Lippenbekenntnissen zu bezeugen und formale und mechanische Gebete zu sprechen.

Liest man die Bekenntnisse der Puritaner, bekommt man das Gefühl, daß entweder sie sehr schlechte Menschen waren oder aber, daß wir sehr oberflächliche Christen sind. Die frömmsten und nicht die lasterhaften Menschen sehen sich selbst im Bekenntnis ihrer Sünden am verächtlichsten. Wir brauchen keine Angst zu haben, daß das Bekenntnis unserer Sünde unsere geistliche Stellung unter den Menschen ungünstig beeinflußt, und es wird unsere Beziehung zu Gott unermeßlich verbessern.

Das dritte Element war ein neues Gefühl der Identifikation mit Israel: „Ich wohne unter einem Volk von unreinen Lippen.“ Zum ersten Mal war sich Jesaja seiner geistlichen Verbundenheit mit seinem Volk in vollem Ausmaß bewußt. Er war ein integrierter Teil dieses Volkes, kein isolierter Bürger, der ein abgesondertes Leben führte. Er teilte die Verantwortung für ihre Sünden. Als er das Volk anprangerte, da prangerte er in Wirklichkeit sich selber an. Das Böse, das in Juda offensichtlich war, fand sich auch in ihm, wenn nicht in demselben Ausmaß, dann doch in der Anlage. Im Grunde sagte er: „Ich bin Mitglied eines Volkes mit unreinen Lippen, und mein Leben ist durch die Verdorbenheit meiner Zeit besudelt worden. Ich habe mich an ihrer Sündenpest angesteckt und unbewußt meine Maßstäbe gesenkt. Ich bin mitverantwortlich für ihre Sünden. Weh mir!"

Um wahrhaftige Botschafter Gottes für die Menschen unserer eigenen Nation, Stadt oder Kirche zu werden, müssen wir die Tatsache unserer Solidarität mit ihnen erfassen. Anderenfalls werden wir als Außenseiter auf sie herabsprechen. Was wir sind, beeinflußt andere. Dem Beispiel, das wir geben, werden andere folgen. Wo unser Beispiel fehlt, wird sich das in ihrem Versagen widerspiegeln.

**Die Vision des Dienstes**

Von nun an sah Jesaja die Dinge in ihrer wahren Perspektive. Gott war alles, er war nichts. Gott war vollkommen heilig, er war durch und durch sündhaft. Als alle Tarnung eines äußerlich erfolgreichen Dienstes entfernt war, sah er das Versagen seines Lebens. Gott nahm das Bekenntnis seiner Unreinheit sofort an. Er sagte nicht, daß Jesaja in Wirklichkeit doch nicht so schlecht war, wie er dachte, denn Gott wußte, daß dieser nicht einmal ein Zehntel der Hinterlist und Falschheit seines Herzens erkannt hatte. Aber das Opfer eines zerbrochenen und reumütigen Herzens war ihm wohlgefällig.

Dem Bekenntnis folgte unmittelbar das reinigende Feuer: „Da flog einer der Seraphim zu mir und hatte eine glühende Kohle in der Hand, die er mit der Zange vom Altar nahm, und rührte meinen Mund an und sprach: Siehe, hiermit sind deine Lippen berührt, daß deine Schuld von dir genommen werde und deine Sünde gesühnt sei" (Jes. 6, 6. 7). „Da ..." Erst als das demütige Bekenntnis über die Lippen des jetzt reumütigen Propheten kam, sandte Gott eilends einen Engelboten, um seinen niedergeschlagenen Diener zu reinigen und zu trösten. Es liest sich, als ob der Seraph auf Abruf bereit gestanden hätte, um zu seinem erfreulichen Botengang loszufliegen. Die Schnelligkeit der Reinigung und Vergebung weckt Erinnerungen an den Mund des verlorenen Sohnes, der vom Kuß des Vaters geschlossen wurde. Wie schnell und gerne vergibt Gott seinem Kind und stellt es wieder her! Er ist „barmherzig und gnädig, geduldig und von großer Güte" (Ps. 103, 8). Es vergeht keine Zeit zwischen dem Moment des Bekennens und dem Augenblick des Vergebens.

Unser Leben ist wie das Zifferblatt einer Uhr.
Die Zeiger sind Gottes Hände, die immer und immer wieder darüberstreichen.
Der kurze Zeiger ist Gottes züchtende Hand,
der lange die Hand seiner immerwährenden Gnade.
Behutsame, aber wirkliche Züchtigung muß sein,
und Gott spricht bei jedem Schlag sein Wort der Barmherzigkeit.
Aber der Zeiger der Gnade bewegt sich immer weiter
und beendet die Prüfungen mit sechzigfacher Segnung.
Jeder Augenblick bringt einen Segen von unserem Gott,
jede Stunde eine Lektion in der Schule seiner Liebe.
Beide Zeiger sind an einem sicheren Bolzen befestigt:
an dem großen, unveränderlichen Herzen Gottes.

S. M. Zwemer

Aber warum fliegt der Seraph mit einer glühenden Kohle? Warum verwendet er kein Blut, da doch allein Blut die Sünde auslöscht? Obwohl das versöhnende Blut in dem Bericht nicht auftaucht, ist es doch latent vorhanden. Es ist eine Tatsache, daß Sünde nur gereinigt und ausgetilgt werden kann durch Blut und Feuer. Die glühende Kohle wurde von der Mitte des rauchenden Opferaltars genommen. Auf genau diesen Kohlen war das Sündopfer bereits dargebracht worden. Es war eine blutgetränkte Kohle, die die Lippen des Propheten versengte, eine Kohle, die blutrot gefärbt war vom Opfer. Es gibt keine Wegnahme der Schuld ohne Opfer und keine Reinigung von Sünde ohne Feuer. Um es in der Sprache des Neuen Testamentes zu sagen: Die Wirksamkeit des Mittlerwerkes, von Christus auf dem Altar des Kreuzes vollbracht, wurde angewendet vom Heiligen Geist, von dem Jesaja sagt, daß er „richten und ein Feuer anzünden wird" (Jes. 4, 4). Nach Golgatha kam Pfingsten und die Taufe mit dem Geist und mit Feuer. „Das Blut reinigt von der Sünde. Die Aktivität des Heiligen Geistes verbrennt das Leben des Selbst und der Sünde und brennt dann das Bild des Meisters ein."

Wenige Bitten sind in Gebetsversammlungen häufiger zu hören als die Bitte, daß Gott die Lippen des Predigers „mit einer glühenden Kohle vom Altar" berühren möge. Damit wird ein wertvoller geistlicher Wunsch geäußert, aber er verfehlt ohne Zweifel die Bedeutung des Symbols sowie das, was es in der Erfahrung des Jesaja bedeutete. Wenn man eine Kohle, die so weißglühend ist, daß sie mit einer Zange vom Altar genommen werden muß, auf die Lippen gelegt bekommt, ist das alles andere als angenehm. Es ist eine Erfahrung, die Brandblasen und Brandmale verursacht – eine kurze, aber unvergeßlich schmerzhafte Erfahrung. Das reinigende Feuer wurde da angewandt, wo sich Jesajas Sünde konzentrierte – auf seinen unreinen Lippen. So wird Gott auch mit uns umgehen. Er muß manchmal drastische Maßnahmen ergreifen, um uns das enorme Ausmaß unserer Sünde und unseres Versagens erkennen zu lassen. Es ist niemals eine freudige Erfahrung, wenn Kohle von Gottes heiligem Altar den Ursprung unserer Sünde berührt.

Aber für den Propheten gab es eine erfreuliche Nachwirkung: „Deine Schuld ist von dir genommen und deine Sünde gesühnt." Er war nicht länger unrein. Von jetzt an würde er aus einem reinen Herzen und mit einem vom Feuer gereinigten Mund predigen. Ein neuer Ton war in seinen Dienst gekommen: „Tröstet mein Volk!" Wir hören ihn nie wieder kaltherzig andere kritisieren. Gottes Züchtigung hatte ihr Ziel erreicht.

Sofort hörte Jesaja dann die herausfordernde Frage: „Wen soll ich senden? Wer will unser Bote sein?" (Jes. 6, 8). Gottes „Verlegenheit" wurde Jesajas Gelegenheit. Es scheint, daß Gott immerwährenden Mangel hat an Männern und Frauen, die demütig und zerbrochenen Herzens sind und die er im Interesse seines Reiches außerordentlich gebrauchen kann. Jesajas gerade gereinigte und neubelebte geistliche Fähigkeiten machten eine neue Gemeinschaft mit Gott möglich. Jesajas Stimme war nun im Einklang mit der Stimme Gottes wie nie zuvor. Der Prophet stand jetzt in so engem Kontakt mit dem dreieinigen Gott, daß er die quälende Frage hörte: „Wen soll ich senden? Wer wird unser Bote sein?" Solche Vertrautheit erlebt ein Mensch, der nicht zerbrochen ist, niemals. Mit brennendem Herzen und froher Bereitwilligkeit antwortete er ohne Zögern: „Hier bin ich, sende mich!" (Jes. 6,8).

Der Auftrag ließ nicht auf sich warten: „Und er sprach: „Geh hin und sprich zu diesem Volk" (Jes. 6, 9). Nur mit Feuer berührte Lippen konnten den Dienst vollbringen, der vor Jesaja lag. Bisher war nur die Stimme der Seraphim zu hören gewesen, aber jetzt war es der Herr selber, der das bevollmächtigende Wort sprach. Jesaja wurde zu einem ungehorsamen und halsstarrigen Volk geschickt, das seine Botschaft nicht hören wollte (Jes. 6, 10), keine populäre oder spektakuläre Aufgabe. Jesaja sollte mehr Mißerfolg als Erfolg haben. Er sollte nicht bewundert, sondern verachtet und abgelehnt und zuletzt zersägt (Hebr. 11, 37) werden. Seine Aufgabe war es, den Überrest, der hören und aufmerken würde, zu sammeln, und seine Aufgabe bestand nicht darin, die Nation, die in ihrer Abtrünnigkeit beharren wollte, zu retten. Aber mit dem Auftrag erhielt Jesaja auch die Kraft für ein so enttäuschendes Mühen. Seine Worte sollten zu seinen Lebzeiten wie ein Echo zu ihm zurückkehren, aber ihr Widerhall sollte im Laufe der Jahrhunderte ungeahnt viel Frucht bringen.

**Der Charakter seines Dienstes**

In seiner zweifachen Rolle als Staatsmann und Prophet hatte Jesaja einen bedeutsamen Beitrag zum geistlichen und politischen Leben des Volkes zu leisten. Er beriet die Führer in ihren Krisen, und sein machtvoller Einfluß hielt die Moral des Volkes aufrecht, da er die Aufmerksamkeit der Menschen auf Gott lenkte. Als Jerusalem angegriffen wurde, klagten die Leute darüber, daß alle anderen großen Städte an großen Flüssen erbaut waren, während die Stadt Gottes auf einem Berg lag, ohne Wasserreserven oder leichtere Transportmöglichkeiten (Jes. 33, 21). Warum war Gott so kurzsichtig gewesen? Jesaja rügte sie mit den Worten: „Denn dort ist der Herr bei uns in seiner Herrlichkeit als ein Ersatz für breite Ströme" (Mengeübers.).

Infolge seiner eigenen Zurüstung in Gottes Schule wurde Jesaja der Botschafter des Trostes (Jes. 40, 1). Er fühlte jetzt eines grenzenlos Mitleid mit sündigen Menschen, obwohl er wie sein Gott ihre Sünde nicht entschuldigte. Selber im Leiden geschult, konnte er jetzt anderen die gelernten Lektionen weitergeben. In der heutigen Welt gibt es ein unendliches Betätigungsfeld für den Dienst des Trostes. Im Alter sagte Dr. F. B. Meyer, daß er, wenn er sein Leben noch einmal leben könnte, viel mehr Zeit dem Dienst des Trostes widmen würde.

Unter den Propheten wurde Jesaja ein deutlicherer Einblick in die Herrlichkeit des Evangeliums gewährt als irgendeinem anderen. Sein Buch ist voller Vorankündigungen der Evangeliumsbotschaft. Kapitel dreiundfünfzig wirft kristallklares Licht auf die Bedeutung von Golgatha und seine gute Botschaft für die sündige Menschheit. Könnte eine Evangeliumsbotschaft einladender und eindringlicher sein als die ersten Verse des fünfundfünfzigsten Kapitels? Nicht ohne Grund hat man Jesaja den Evangeliumspropheten genannt.

Er wurde der beredte Vertreter der Majestät Gottes. Er mühte sich darum, anderen den Eindruck, den die Offenbarung Gottes auf ihn gemacht hatte, zu vermitteln. Nichts im Alten Testament übersteigt Kapitel vierzig in der Erhabenheit der Gedanken, in der Trefflichkeit der Ausdrucksweise und in der Klarheit der geistlichen Einsicht. Jesaja zeigt Gott in seiner ehrfurchtgebietenden Transzendenz; dessen absolutes Anders-Sein als die Welt der Menschen mit ihren minderwertigen Maßstäben. Jesaja beschreibt ihn als liebevoll in seinem Verhalten (Jes. 40, 4-11) und erhaben in seinen Eigenschaften (Jes. 40, 12-31).

Jesaja zeigte eine bemerkenswerte Einsicht in den stellvertretenden Charakter der Leiden des Messias. Kapitel dreiundfünfzig verwendet jede Ausdrucksform, um die stellvertretende Art seiner Pein zu unterstreichen. Zu unserer Erlösung erlitt der Messias qualvolle Verwundungen (Jes. 53, 5). Er erfuhr jede Art des Leidens und der Trübsal (Jes. 53, 4-6). Er mußte jede Form der Demütigung über sich ergehen lassen (Jes. 53, 3) – er wurde verachtet, verworfen, gering geschätzt, gemartert; er erlitt Ungerechtigkeit und hatte sein Grab bei den Übeltätern. Er büßte für Sünde in jeder Hinsicht – für Vergehen, Frevel und jede nur erdenkliche Missetat. Und er tat das alles für uns Menschen und zu unserer Errettung.

Jesaja schilderte den Messias als den vollkommenen Knecht Jahwes und weissagte mit leuchtenden Worten die Eigenschaften, die sein Leben auf der Erde schmückten – seine Abhängigkeit von Gott, seine Bescheidenheit, sein Erbarmen, seine unerschütterliche Hoffnung, seinen Gehorsam (Jes. 42, 1-4).

Obwohl Jesaja der Prophet von Israels Untergang war, kamen seine prophetischen Äußerungen aus einem Herzen, das sowohl den Ernst wie die Güte Gottes erfahren hatte. Seine Warnungen waren oft vermischt mit Tränen. Aber durch dies alles hindurch spürt man das Mitleid Gottes mit einem sündhaften Volk, und den Bußfertigen wurde Hoffnung weitergegeben. Jesaja erfüllte seine schwierige Aufgabe mit einzigartiger Treue und Umsicht.

# Jeremia
# Der Prophet der Tränen und der Zuversicht

*Man hat Jeremia wohl als eine „in Tränen aufgelöste Gestalt aus Bronze" bezeichnet. Männliche Stärke und weibliche Zartheit vereinigen sich in seiner Person. Er ist ein Mann voller Schmerzen und Krankheit; er erlebte Einsamkeit und spürte die Sündenlast seines Volkes. Sein Leben und seine Klagerufe sind sinnbildlich für Christus. Jeremia teilte sein Los mit dem kläglichen Überrest Israels, und die zwei Bücher, die seinen Namen tragen, sind voll vom Geist der Fürbitte, denn er war ein Kind des Verhängnisses. Manchmal sind seine Gebete außerordentlich kühn wie im dem Fall, wo er voller Bestürzung schreit: „Herr, du hast mich überredet, und ich habe mich überreden lassen. Du bist mir zu stark gewesen und hast gewonnen; aber ich bin darüber zum Spott geworden täglich, und jedermann verlacht mich" (Jer. 20, 7).*

*Die Klagelieder des Jeremia sind eine geistliche Fundgrube für diejenigen, die in der Kunst des Betens wachsen wollen. An keiner anderen Stelle in der Schrift gibt es ergreifendere Bitten, aussagekräftigere Sätze und eindringlichere Argumente der Fürbitte. Er „rief deinen Namen an, Herr, unten aus der Grube" (Klagel. 3, 55) und war dennoch zuversichtlich, daß Gottes „Barmherzigkeit noch kein Ende hat, sondern alle Morgen neu und daß seine Treue groß ist" (Klagel. 3, 22. 23).*

S. M. Zwemer

Jeremia, der weinende Prophet! Gerade diese Beschreibung erweckt in uns Abneigung gegen seine Prophetie, und leider gehören seine Schriften zu den vernachlässigten Teilen der Bibel. Dennoch war seine Botschaft niemals zeitgemäßer oder bedeutungsvoller als heute. Ungeachtet der Düsterkeit des Wortes, das er weiterzugeben hatte, verdient er es nicht, daß man ihn nur als den Propheten des Kummers kennt, denn er war auch ein Prophet der Hoffnung inmitten der Katastrophe.

Die autobiographischen Einzelheiten, die in seinen zwei

Büchern enthalten sind, vermitteln einen tiefen Einblick in sein Leben, wie wir das bei keinem anderen Propheten haben, und sie werfen ein beträchtliches Licht auf die Zeiten, in denen er lebte. Jeremia offenbart seine eigene Mentalität mit erstaunlicher Offenheit. Die Dialoge innerhalb von Erzählungen enthüllen seine innerste Erfahrung von Gottes Handeln an ihm.

Um diesen Mann verstehen zu können, müssen wir etwas von seiner Zeit wissen. Er lebte in einer Zeit religiöser und politischer Krisen. Es wurden Schlachten von weltverändernder Bedeutung ausgetragen, in denen Babylon zuletzt den Sieg davontrug. Es ereigneten sich Dinge, die zu dem Fall Jerusalems führten. Die meisten großen Religionen entstanden in dieser Zeit – Buddhismus, Hinduismus, Konfuzianismus und Parsismus entwickelten sich alle in der Zeit von 650 - 500 v. Chr. Wie unsere Zeit war es eine Periode beträchtlicher religiöser und politischer Gärung, begleitet von einer vollständigen Verschiebung der Machtverhältnisse in der Welt.

Jeremia befaßte sich hauptsächlich mit dem Wohlergehen seiner eigenen Nation, denn er lebte in einer der kritischsten Stunden dieses Volkes. Für das abtrünnige und dem unabwendbaren Untergang entgegengehende Israel war Jeremia Gottes Bote. Wenn Lord Macaulay, der große englische Historiker, über Jeremia geschrieben hätte, dann hätte er dies nicht treffender tun können als in dem folgenden Abschnitt: „Es ist schwierig, sich eine schmerzhaftere Situation vorzustellen als die eines großen Mannes, der dazu verurteilt ist, die sich hinziehende Qual eines erschöpften Volkes anzusehen, es in den wechselnden Anfällen von Betäubung und Raserei, die dem Zerfall vorausgehen, zu umsorgen und dessen Lebenskraft mehr und mehr schwinden zu sehen, bis nichts übrig ist als Kälte, Dunkelheit und Verderben."

Jeremia weissagte während der Regierungszeit von fünf Königen, von denen zwei den Thron nur kurz innehatten. Josia bewirkte die Durchführung einer Reform im Volk, die sich jedoch nur als oberflächlich erwies. Es hatte keine tiefgreifende Abkehr von der Verderbtheit und dem Abfall stattgefunden. Unter der aufeinander folgenden Herrschaft von Jojakim und Zedekia schlitterte die Nation schnell in die Katastrophe. Der Prophet lebte mitten unter um die Macht ringenden Parteien, die aufkamen, als sich die Nation zersetzte.

## Familienhintergrund

Jeremia war durch seine Abstammung Priester. Seine Heimat war das kleine Dorf Anathoth oder Anata, wie es heute genannt wird. Es liegt in einer öden und steinigen Umgebung, drei Meilen nördlich von Jerusalem. Es war eine der vier Städte, die den Priestern zugeteilt worden waren. Man hatte von der Stadt aus einen Ausblick auf die judäische Wüste, die Johannes dem Täufer und unserem Herrn während seiner Versuchung so vertraut war. Ohne Zweifel spielte die Wüste eine wichtige Rolle bei der Vorbereitung Jeremias auf seine Lebensaufgabe, indem sie die nachdenkliche Seite seines Wesens entwickelte.

Jeremia wuchs auf in der Nähe von Jerusalem. Er befand sich dadurch im Herzen des nationalen Lebens und war vertraut mit den Gerüchten, die um ihn herum reichlich vorhanden waren. Er nahm teil an den religiösen Festen und empfand die Freuden und Sorgen seines Volkes.

Sein Vater Hilkia war nicht der Hohepriester gleichen Namens, denn dieser stammte aus der Linie Eleasars, während die Priester von Anathoth aus dem Geschlecht Ithamars kamen (vgl. 1. Chron. 6, 4. 13-15; 1. Kön. 2, 26-27; 1. Chron. 24, 3). Aufgrund des Respektes, der Jeremia von den aufeinander folgenden Monarchen entgegengebracht wurde, kann man annehmen, daß er aus einer einflußreichen Familie kam. Er war der Neffe von Schallum, dem Mann von Hulda, der Prophetin, die die Zerstörung Jerusalems voraussagte (Jer. 32, 7). Er wuchs daher auf inmitten der Privilegien und dem Einfluß sowohl der priesterlichen wie der prophetischen Ämter, die von seinen Verwandten bekleidet wurden. Auch Nahum und Zephanja übten ihren kraftvollen Dienst zu seinen Lebzeiten aus.

Der junge Mann war empfänglich für die Einflüsse, mit denen ihn eine weise Vorsehung umgeben hatte. Die Reformen Josias machten zweifellos einen tiefen Eindruck auf ihn. Er war vertraut mit den Teilen der damals existierenden Heiligen Schrift, und ihre Sprache war Teil seines Denkens geworden. Seine Prophezeiungen sind voller Hinweise auf nationale Symbole und Bräuche. Dieser vorbereitende Hintergrund, verbunden mit seinen eigenen Gaben und seinem Temperament, befähigte ihn in einzigartiger Weise für den Dienst, zu dem er ausersehen war.

## Berufung

Wenige Propheten oder Prediger haben eine unmißverständlichere Berufung gehabt als Jeremia: „Und des Herrn Wort geschah zu mir“ (Jer. 1, 4). Diese direkte Botschaft von Gott sollte den gesamten Verlauf seines Lebens verändern. Jeremia brauchte unbedingt eine kristallklare Berufung, denn er sollte einen mühsamen, aber wertvollen Dienst übernehmen. Nur das Bewußtsein, von Gott selber berufen worden zu sein, machte es Jeremia möglich, seinem Auftrag treu zu bleiben, denn hinfort mußte er die Entwicklungen seiner Zeit anprangern und den Ansichten sowohl der Führer wie des Volkes widersprechen.

Jeremias Berufung kam unmittelbar von Gott. Er war bereits mit der göttlichen Stimme vertraut und erkannte sie, als sie zu ihm sprach. Wie Paulus sollte Jeremia Völker als Zuhörerschaft haben: „Ich bestellte dich zum Propheten für die Völker.“ Er wählte keinen Beruf aus – er wurde zum Propheten auserwählt. Die Worte der Berufung sind höchst bemerkenswert und beruhigend zugleich: „Ich kannte dich ... bereitete dich ... sonderte dich aus ... bestellte dich“ (Jer. 1, 5). Der allwissende Gott hatte ihn von Geburt an zum Propheten ausersehen. In späterer Zeit bedeutete die Erinnerung daran, daß er Gegenstand von Gottes besonderer Vorhersehung war, eine große Kraftquelle für Jeremia. Es war Gott, der ihn berufen hatte; daher hatte er auch die letzte Verantwortung. Dieses Bewußtsein machte Jeremia zu einer ehernen Mauer für seine Gegner und Feinde.

## Antwort und Auftrag

Jeremias Antwort kam aufrichtig und sofort; sie war die Reaktion erkannter Unzulänglichkeit: „Ach, Herr, Herr, ich tauge nicht zu predigen, denn ich bin zu jung“ – oder „ich bin ein Kind“ (Jer. 1, 6). Kein Wunder, daß er von der Verantwortung des Amtes, zu dem er berufen wurde – als Botschafter Gottes an die Nationen – überwältigt war. Wie konnte er, ein unbedeutender Priester, eine solche Rolle annehmen? Jeremias Einwand war in der Tat seine beste Empfehlung und bestätigte seine Eignung für das Amt. Es gibt Disqualifikationen,die nicht disqualifizieren.

Es gibt eine oberflächliche Ähnlichkeit zwischen der Reaktion Jeremias auf den Ruf Gottes und der seines großen Vorgängers Mose. „Ach, mein Herr, ich bin von jeher nicht beredt gewesen ... ich habe eine schwere Sprache und eine schwere Zunge“ (2. Mose 4, 10), zögerte Mose. „Ach, Herr, Herr, ich tauge nicht zu predigen“, sagte Jeremia. Aber die göttliche Antwort unterschied sich in den beiden Fällen beträchtlich: „Da wurde der Herr sehr zornig über Mose“ (2. Mose 4,14). Menschliche Beredsamkeit war nicht wesentlich, um für Gott einzutreten, aber Mose war nicht bereit, den Willen Gottes zu tun. Gottes Haltung gegenüber dem zaghaften Jeremia war völlig anders. Er sagte liebevoll: „Sage nicht: Ich bin zu jung.“ Jeremia sollte von seiner Schwachheit und Unerfahrenheit keine Notiz nehmen. „Du sollst gehen, wohin ich dich sende ... Fürchte dich nicht vor ihnen, denn ich bin bei dir und will dich erretten“ (Jer. 1, 7. 8).
Gott geht freundlich um mit der Schwachheit, ist aber ärgerlich über die mangelnde Bereitschaft, eine Aufgabe zu übernehmen, für die er die Ausrüstung ausdrücklich zugesagt hatte. Er zeigt gerne seine göttliche Stärke durch die menschliche Schwachheit: „Denn meine Kraft ist in den Schwachen mächtig“ (2. Kor. 12, 9).

Gott ist niemals darüber erfreut, wenn wir uns ausschließlich mit unserer Unzulänglichkeit beschäftigen. Wenn wir unsere Schwachheit zum Götzen machen, können wir unsere Leistungsfähigkeit verlieren und uns vor der Verantwortung drücken. Unserer eigenen Unfähigkeit müssen wir Gottes verfügbare Hilfsquellen gegenüberstellen. Der Herr begegnete Jeremia dort, wo dieser tatsächlich Not hatte: „Du kannst nicht sprechen? Ich habe mein Wort in deinen Mund gelegt. Die Botschaft ist meine Sache. Hast du Angst vor den Menschen? Fürchte dich nicht ... ich bin mit dir und will dich erretten. Fürchtest du dich vor den Völkern? Sie werden wider dich streiten, können dir aber dennoch nichts anhaben“ (Jer. 1, 8. 19).

Die unumschränkte Autorität Gottes über seinen Diener wird ergänzt durch seine Bereitschaft, ihn zu schützen und auszurüsten. Das ist in jeden Ruf Gottes mit eingeschlossen. „Du sollst predigen alles, was ich dir gebiete ... ich bin bei dir und will dich erretten ... ich lege meine Worte in deinen Mund ... ich setze dich über Völker und Königreiche" (Jer. 1, 7-10). Hätte Jeremia abgelehnt, so hätte er vielleicht ein zurückgezogenes Leben in Anathoth führen können, aber er hätte Gottes vollkommenen Plan für sein Leben verfehlt.

> Ich wurde geboren – und war zunächst beseelt und furchtlos, aber dann schreckte ich zurück
> vor etwas, das mich von den Menschen aussonderte.
> Hätte ich ihr Leben gelebt und wäre ich
> ihren Tod gestorben,
> dann wäre ich in ihrer Masse untergegangen
> und hätte mein Schicksal verfehlt.
>
> Browning

**Die zweifache Vision**

Dem Auftrag folgte eine Vision. Die zwei entgegengesetzten Symbole dieser Vision sind gleichermaßen von Bedeutung in unserer heutigen Zeit. In der Vision von dem Zweig des Mandelbaumes (Jer. 1, 11-12) gibt es im Grundtext ein Wortspiel, das in unserer Übersetzung nicht ausgedrückt werden kann. „Das hebräische Wort für 'Mandelbaum' ist 'shakedh', was 'wach' oder 'wachsam' bedeutet", schreibt Dr. E. M. Blaiklock. „'Ich sehe den Zweig eines wachsamen Baumes', sagt der Prophet. 'Ich wache', lautet darauf die Antwort, und dieses Wort unterscheidet sich nur durch einen Vokal. Es lautet 'shokedh'. 'Ich wache über meinem Wort, daß ich's tue.' Der Mandelbaum erhielt seinen poetischen hebräischen Namen aufgrund seines frühen Erblühens. Als erster unter den blühenden Bäumen spürt er die Berührung des Frühlings und erblüht; er wurde so ein Zeichen der Hoffnung und ein Symbol der Auferstehung." Gott versicherte dem Propheten, daß er sich auf die Erfüllung seiner Verheißungen und Weissagungen verlassen konnte, auch wenn es im Licht der aktuellen Ereignisse so aussehen sollte, als hätte sein Wort die Kraft verloren. Gott blieb wach und wachsam.

Die hinzukommende Vision von dem siedenden Kessel war ebenso schrecklich, wie die erste beruhigend war. „Es war im Jahre 627 v. Chr.", fährt Dr. Blaiklock fort, „und das gesamte Leben des Propheten sollte unter dem Schatten jener Realität stehen. Ninive hatte die Macht über Palästina verloren; die jahrhundertelange assyrische Aggression und Grausamkeit im Mittleren Osten ging zu Ende. Aber die anderen Staaten der Region übernahmen nun das widerliche Erbe: skythische Nomaden, die das nördliche Flachland terrorisierten, und später Babylon unter dem großen Feldherrn Nebukadnezar, der dazu berufen war, zu Lebzeiten Jeremias Palästina niederzuwerfen, seine Einwohner in die Gefangenschaft zu führen, den Tempel zu verbrennen und auszuplündern und Jerusalem zu zerstören. Das war der siedende Kessel aus dem Norden. Jeremias Leben endete, bevor die kochende Brühe aufhörte sich über das Land zu ergießen. Sie zerstörte das Volk und zwang Jeremia mit ins Exil. Aber sein Glaube hatte in diesen zwei Visionen gelernt, daß die Geschichte niemals außer Kontrolle gerät ... daß Gott die Zeiten, so dunkel und katastrophal sie auch sein mögen, sowie die Entwicklungen in der Welt, wie besorgniserregend und verworren sie auch seien, dennoch überwacht und alles regiert."

## Der Charakter des Propheten

Jeremia war sowohl von Natur wie von seiner Begabung her ein Dichter und wird von manchen Fachleuten für den größten Dichter seines Volkes gehalten. Obwohl wir seine Poesie in Prosaform vorliegen haben, zeigt sie im Hebräischen alle charakteristischen Merkmale von Versen. Die Ergüsse seines Herzens waren in jene Form hebräischer Poesie gekleidet, die am besten dazu geeignet war, den Herzensbedürfnissen seines Volkes zu begegnen.

Die Geschichte Jeremias weist hin auf jene Art Menschen, die Gott in dunklen Tagen zu Boten erwählt. Es ist behauptet worden, daß Nationen ihre größten Männer an ihrem Anfang und an ihrem Ende hervorbringen, in ihren Geburtswehen oder im Todeskampf. Jeremia gehört in die zweite Kategorie. Daß er ein Patriot war, der sein Land mit aller Leidenschaft seines heißen Wesens liebte, wird ersichtlich an dem Buch, das seine Klagelieder über den Niedergang seines Volkes enthält.

Die Gründe, warum Gott einen bestimmten Menschen erwählt, sind dem ungeistlichen Auge nicht immer ersichtlich. Gott wählt nicht immer die Art Mensch, die wir erwarten oder aussuchen würden. Jeremias Aufgabe war es „Aufseher über Nationen und Königreiche zu sein, auszureißen und einzureißen, zu zerstören und zu verderben, zu bauen und zu pflanzen“ (Jer. 1, 10). Dazu wird Gott doch zweifellos einen Mann von großer Kraft, mit einer gewissen Härte, einen Mann, der entschieden selbstbewußt und forsch ist, auswählen!

Statt dessen aber war der Mann, den Gott erwählte, überaus empfindsam, zaghaft und schreckhaft, überwältigt von einem Gefühl der Unzulänglichkeit und offensichtlich auf einzigartige Weise ungeeignet für die Aufgabe. Er war mehr nach innen orientiert als jeder andere hebräische Prophet; fortwährend erforschte er in sein Herz und zweifelte an sich selber. Sein mitfühlendes Wesen spürte – mehr als die meisten anderen – die Leiden und den Kummer seines Volkes (Jer. 20, 14-18). Er litt sehr unter der Kritik und der Ablehnung seines Volkes. Sein ganzes Wesen schrak zurück vor dem Bekanntheitsgrad, den sein Amt zwangsläufig mit sich brachte. Das sprechende Bild, das uns Jesaja dreiundfünfzig von dem leidenden Messias gibt, wurde von Juden, die nicht bereit waren, Christus in diesem Bild zu sehen, für eine Darstellung Jeremias gehalten: verachtet und von den Menschen für unwert gehalten, voller Schmerzen und Krankheit. Er sehnte sich nach einem Mitgefühl und einer Liebe, die er niemals kennenlernen sollte.

Dem stand gegenüber, daß Jeremia ein Mann einzigartiger Tapferkeit und Treue war, Eigenschaften, die durch die ihnen zugrunde liegende Ängstlichkeit noch verstärkt wurden. Er hätte es vorgezogen, Barmherzigkeit zu predigen, aber Gott wollte, daß er das Gericht verkündigte. Dennoch schreckte Jeremia nie davor zurück. Gott spricht seinen Dienern nicht ohne Grund zu: „Fürchtet euch nicht.“ In jener entarteten Zeit brauchte es ungeheuren Mut, ein Prophet des Untergangs zu sein. Eine moderne Parallele wäre ein Prophet in den Vereinigten Staaten von Amerika, der von Staat zu Staat zöge und die unausweichliche Vernichtung durch Rußland verkündete! Jeremia wurde gehaßt, verspottet, eingesperrt, verfolgt und als Verräter gebrandmarkt. Er verlor niemals den Mut vor den Splitterparteien, die nach seinem Leben trachteten, und er unterließ es niemals, das bevorstehende Gericht anzusagen, weder im Königspalast noch an der Straßenecke. Er besaß jene seltene Mischung von Redlichkeit im Tadel und Zartheit des Geistes. Sein Dienst hatte etwas mitfühlend Werbendes.

Jeremia lernte, ein einsames und verachtetes Leben zu führen. Er mußte gänzlich auf die Bindungen menschlicher Liebe und auf den Trost und die Ermutigung durch eine Frau verzichten. Er mußte gänzlich ohne das Wohlwollen seiner Mitmenschen, den Stolz seines Patriotismus und manchmal ohne die Annehmlichkeiten der persönlichen Freiheit auskommen. Daß er durch die Jahre der Ablehnung und der Verfolgung hindurch so hartnäckig an seinem Auftrag festhielt, ist einzig und allein seinem großen Mut und der zurüstenden Gnade Gottes zu verdanken. Ihm waren Tränen nicht fremd. Wie Hiob beklagte Jeremia den Tag, an dem er geboren wurde (Jer. 15, 10). Der Art seiner Botschaft wegen hielten sich seine Mitbürger von ihm fern. Seine Beweggründe wurden mißverstanden und angefochten. Er predigte das Gericht, aber dies geschah durch einen Mann, dem das Herz darüber brach: „Ach, daß ich Wasser genug hätte in meinem Haupte und meine Augen Tränenquellen wären, daß ich Tag und Nacht beweinen könnte die Erschlagenen meines Volkes" (Jer. 8, 23).

Jeremia war ein Mann, der leidenschaftlich nach der Ehre Gottes und dem geistlichen Wohlergehen seines Volkes trachtete. Das Wort des Herrn war wie ein Feuer in seinen Gebeinen (Jer. 20, 9). Einmal wurde er so mutlos durch die mangelnde Reaktion auf seine Botschaft, daß er beschloß, zu schweigen. Aber die angestaute Liebe und Sorge seines Herzens wollten sich nicht eindämmen lassen und quollen über in Tränen und Flehen.

Jeremia war ein Mann des Glaubens und der Hoffnung. Sir George A. Smith sagt es so: „Jeremia war kein Prophet der Hoffnung, aber er war ein Prophet von etwas, ohne das Hoffnung nicht möglich ist – von dem festen Glauben, daß so dunkel und katastrophal die Zeiten und so besorgniserregend und verworren die Entwicklungen in der Welt auch sein mögen, Gott doch über allem wacht und alles regiert." Während Jeremia die bevorstehende Zerstörung und Niederlage Jerusalems voraussagte und davor warnte, sprach er zugleich auch von dem herrlichen Reich, das sich wie ein Phoenix aus den Überresten der eroberten Stadt erheben würde.

Drei herausragende Abschnitte beleuchten den Glauben und die Hoffnung, die Jeremias ansonsten düsteren Dienst erhellten.

Die erste Botschaft der Hoffnung ist die von dem Töpfer

und dem zerschlagenen Topf (Jer. 18, 1-10). Diese symbolische Botschaft war ein Zeichen, das hauptsächlich Israel galt: „Kann ich nicht ebenso mit euch umgehen, ihr vom Hause Israel, wie dieser Töpfer?“ lautet die göttliche Frage. Israel war ausgewählt worden, um ein Gefäß zu ehrenvollem Gebrauch zu sein, aber es durchkreuzte den gütigen Plan des Töpfers hartnäckig. Als Folge davon war es drangsaliert und zerstreut worden, und Schlimmeres stand kurz bevor. Aber der Töpfer war nicht besiegt. Wenn nur die Nation mitarbeiten wollte, so würde er sie auch jetzt noch zu einem ehrenvoll brauchbaren Gefäß machen, „wie es ihm gefiel“.

Dieses Gleichnis hat auch eine zeitgemäße und persönliche Bedeutung. Jeremias Wort der Hoffnung lautet, daß, obwohl unser Leben durch vorsätzliche Sünde und Rebellion beschädigt sein kann, es dennoch Hoffnung gibt. Wenn wir unser Leben der starken und sachkundigen Berührung seiner geschickten Hand ausliefern, wird uns der himmlische Töpfer neu machen. Das Gefäß mag nicht alle Schönheit des ursprünglichen Modells haben, aber es wird noch immer „für den Gebrauch des Meisters geeignet sein“. Das Gleichnis vom Töpfer macht uns gewiß, daß es unendliche Hoffnung für den versagenden, aber reuigen Gläubigen gibt.

Bei seiner Vorhersage des Neuen Bundes zeigt sich der Prophet des Unterganges als ein Prophet der Hoffnung. Sein Glaube erreicht seinen Höhepunkt, als er die Hoffnungsfreude des Neuen Bundes ankündigte, der den Alten Bund des Gesetzes ersetzen sollte (Jer. 31, 31-34). Jeremia schrieb diese Worte, während er noch im Wachhof eingesperrt war. Der umwälzende Charakter und die alles übersteigende Bedeutung dieses Bundes erfordert eine etwas ausführlichere Behandlung. Obwohl er sich primär auf Israel bezieht, macht die Art und Weise, in der er im Hebräerbrief ausgelegt wird (Hebr. 8, 8-13), deutlich, daß er andere Werte hat, die wir uns zu eigen machen können. Auf jeden Fall macht Paulus klar, daß wir „Abrahams Kinder sind und nach der Verheißung Erben“ (Gal. 3, 29) und daher aus den Bedingungen des Bundes Nutzen ziehen können.

Das Gesetz Moses, das den Alten Bund darstellte (5. Mose 4, 13), war unvollkommen; nicht von Natur aus, sondern weil es vom menschlichen Gehorsam abhängig war (Hebr. 7, 19). Es diente nur als Zuchtmeister auf Christus hin. Es war kraftlos, „durch das Fleisch geschwächt“ (Röm. 8, 3). Es sagte dem

Menschen, was zu tun war, aber es übermittelte nicht die Kraft zum Gehorsam. Tatsächlich war es dem Menschen unmöglich, die Forderungen des Gesetzes zu erfüllen: „Die aber fleischlich sind, können Gott nicht gefallen“ (Röm. 8,8). Warum also verlangte Gott etwas, das unmöglich war? Die Antwort lautet, daß Gott zwar die Unfähigkeit des Menschen zum Halten des Gesetzes kannte, der Mensch aber nicht darum wußte. Als das Gesetz gegeben wurde, hatten die Israeliten sich leichtfertig gerühmt: „Alles, was der Herr geredet hat, wollen wir tun“ (2. Mose 19, 8). Und dann hatten sie begonnen, die Bedingungen des Bundes zu übertreten. Gott tat ihrem freien Willen keine Gewalt an, sondern wählte diese Methode, um sie von ihrer eigenen Unfähigkeit und Sündhaftigkeit zu überzeugen.

Es waren Jahrhunderte des Versagens notwenig, um den Menschen diese Lektion zu lehren und ihn zu der Haltung zu bringen, daß er bereitwillig den Neuen Bund annahm, den Jeremia voraussagte. Jeremia sah den Tag kommen, an dem der bankrotte Alte Bund ersetzt würde durch den Neuen, der alle Mängel des Alten beheben sollte – ein Bund, der nicht nur fordern, sondern auch befähigen sollte. Er sollte schützen gegen das Versagen auf seiten des Menschen, das den Alten Bund kraftlos machte, und die fatale Schwäche des menschlichen Wesens ausgleichen.

Diese Prophetie des Neuen Bundes war so, wie sie Jeremia offenbart wurde, jeder anderen zeitgenössischen Prophetie weit voraus. Die fünf Hauptbestimmungen des Neuen Bundes boten genau das, was der Alte Bund gefordert hatte. Geistliches Erfassen – Erkenntnis: „Ich will mein Gesetz in ihr Herz geben“ (Jer. 31). Geistliches Trachten – Gehorsam: „Ich will sie in ihren Sinn schreiben.“ Geistliche Verwandtschaft – Hingabe: „Sie sollen mein Volk sein, und ich will ihr Gott sein.“ Geistliche Fertigkeit – Gemeinschaft: „Sie sollen mich alle erkennen, beide, klein und groß.“ Geistliche Lossprechung – Reinigung: „Ich will ihnen ihre Missetat vergeben und ihrer Sünden nimmermehr gedenken.“

Es ist kein Wunder, daß der Schreiber des Hebräerbriefes dies einen „besseren Bund“ nennt. Die „du sollst“, die die Verantwortlichkeit des Menschen unter dem Alten Bund zum Ausdruck bringen, werden durch die „ich will“ der Verheißungen Gottes im Neuen Bund ausgeglichen. Es ist ein Bund für versagende Menschen.

Danach zeigten sich Jeremias Glaube und seine Hoffnung auf Gott wunderbar in seinem Erwerb des Ackers in seiner Heimatstadt Anathoth (Jer. 32, 6-9, 17). Der Prophet war ins Gefängnis geworfen worden, und dort erfuhr er, daß das Land überrannt worden war von den Babyloniern, die jetzt außerhalb von Anathoth lagerten. Die Lage schien aussichtslos zu sein.

Das Wort des Herrn kam zu Jeremia und teilte ihm mit, daß sein Vetter Hanamel ihn bitten würde, sein Löserecht wahrzunehmen und seinen Acker in Anathoth zu kaufen. Auf Hanamels Seite war es ein gerissenes Geschäft, denn die Stadt stand kurz davor, in den großen Rachen der Chaldäer zu fallen, und er würde den Acker verlieren. Aber Jeremia hatte mit Gott gesprochen, bevor er mit seinem Vetter zusammenkam, und er hatte die feste Zusage des Herrn, daß es keine völlige Vernichtung seines Volkes geben werde. Es sollte ein Rest übrigbleiben, durch den Gott seinen Plan ausführen würde. In ruhigem Glauben kaufte er das Land in der belagerten Stadt, während sich sein verschlagener Vetter zu seinem lohnenden Geschäft gratulierte.

Weil er Gottes Bereitschaft, seine Verheißungen zu erfüllen, kannte, hatte Jeremia sich in eine Situation begeben, die unmöglich erschien, und er drückte seinen Glauben mit den Worten aus: „Es ist kein Ding vor dir unmöglich" (Jer. 32, 17). Sein Erwerb des Landes unter solchen Bedingungen war ein sichtbares Zeugnis für die ganze Nation, daß Jeremia fest damit rechnete, daß Gott sie wieder befreien würde. Die natürliche Vernunft hätte ihm geraten, den Kauf des Landes zu verweigern, aber durch die lange Vertrautheit mit Gott hatte Jeremia keine Furcht, den Glaubensschritt zu tun, obwohl es schien, als werde er mit Sicherheit siebzehn Schekel verlieren.

Das Silber wurde abgewogen, die Urkunde unterzeichnet und dem Verkäufer übergeben, und der Kaufbrief wurde Jeremias Freund Baruch anvertraut, der für Jeremias Angelegenheiten sorgte, solange dieser im Gefängnis war. Als Baruch seiner Überraschung über die Transaktion Ausdruck verlieh, teilte ihm Jeremia mit, der Herr habe ihm offenbart, daß der Besitz, der sich jetzt in den Händen des Feindes befand, an den rechtmäßigen Eigentümer zurückkommen werde. Und so geschah es.

Dazu gibt es eine Parallele in der weltlichen Geschichte. Als Hannibal nur noch drei Meilen von Rom entfernt war und sein Sieg sicher schien, kaufte ein vornehmer Römer das Land, auf dem Hannibals Heer lagerte, zu einem hohen Preis. Dieses Zeugnis seines Vertrauens in einen römischen Sieg veranlaßte seine Landsleute zu verstärkten Anstrengungen, und sie schlugen Hannibal und seine Armee zurück. Die Tat des Propheten war gedacht, in seinem Volk ein ähnliches Ergebnis zu erzielen.

In den Augen der Ungeistlichen war Jeremias Mission ein ungeschickter und tragischer Fehlschlag. Aber in den Augen Gottes besaß sie alle Elemente, die einen herrlichen Erfolg begründete und zum Sieg Gottes beitrugen. Die Tradition sagt, daß Jeremia gesteinigt wurde und so einen Platz in der ehrwürdigen Versammlung derjenigen erhielt, die „gesteinigt, gefoltert, zersägt und durchs Schwert getötet wurden" (Hebr. 11, 37).

# Daniel
# Der Premierminister unter fünf Königen

*„Und Daniel blieb im Dienst bis ins erste Jahr des Königs Cyrus" (Dan. 1, 21). Diese einfachen Worte sprechen Bände. Während aller Schwierigkeiten des Volkes, ausgelöst durch den Wahnsinn des Königs und die Ermordung seiner Nachfolger, mitten unter sich überschlagenden Intrigen, Neid, Verschwörung und Verfolgung, stand dieser Mann unerschütterlich wie eine Säule mitten im dahinwirbelnden Sand. So bewahrt Gott die Seele, die beharrlich auf ihn ausgerichtet ist, und während die Welt und alles, was darin ist, vergeht, bleibt der, der den Willen Gottes tut, ewiglich fest.*

Alexander Maclaren

Daniel in der Löwengrube ist nicht nur eine interessante Persönlichkeit, sondern auch ein Mann von außerordentlicher moralischer Größe und Rechtschaffenheit. Von dem Augenblick an, in dem er auf der Bühne der Geschichte Israels in Erscheinung tritt, bis zum Ende seiner Laufbahn als Staatsmann zeigt er dieselbe Treue und Entschlußkraft. Es sind nicht so sehr die Höhepunkte seines Lebens, die die Aufmerksamkeit auf sich ziehen, als vielmehr das gleichbleibend hohe Niveau, auf dem er sein persönliches und öffentliches Leben führt.

Was ist der Hintergrund seiner Frömmigkeit als Jugendlicher und seines frommen Lebens als Erwachsener? Welches waren die frühen Einflüsse, die ihn zu dem machten, was er war? Er wurde in der Regierungszeit Josias geboren in einer unbekannten Familie des jüdischen Adels und entstammte vielleicht sogar der königlichen Linie. Man darf davon ausgehen, daß der fromme Josia und die Neubelebung der wahren Religion, die unter seiner Herrschaft auftrat, einen unauslöschlichen Eindruck auf den Knaben machten. Da er von königlicher oder adliger Abstammung war, dürfte er im Bereich des königlichen Hofes gelebt haben und daher besonders für den Einfluß des Königs empfänglich gewesen sein. Außerdem übte damals Jeremia sein vollmächtiges prophetisches Amt aus, und der junge Daniel dürfte seine Predigten gehört haben.

Es war Nebukadnezars Gewohnheit, die aufgewecktesten jungen Männer aus den Ländern, die er unterworfen hatte, nach Babylon zu bringen, um sie dort in der Staatskunst zu unterrichten – ein früher Vorläufer unserer heutigen Rhodes-Stipendien. Es mußten junge Männer von gutem Körperbau, ausgezeichnetem Charakter und höchsten intellektuellen Fähigkeiten sein. Daniel und seine Freunde Schadrach, Meschach und Abed-Nego waren diejenigen, die aus Israel ausgewählt wurden. Sie waren keine gewöhnlichen oder unbedeutenden Sklaven, sondern junge Männer, die sich auszeichneten, junge Leute, „die kein Gebrechen hatten, sondern schön, begabt, weise, klug und verständig waren, also fähig, an des Königs Hof zu dienen" (Dan. 1, 4).

Daniel muß sehr jung gewesen sein, als er nach Babylon deportiert wurde. „Wenn die babylonischen Sitten den persischen glichen", kommentiert Ellicott, „dann ist es wahrscheinlich, daß die Ausbildung früh im Leben begann. Ein so ausgefeiltes wissenschaftliches System wie das babylonische, und zwar sowohl hinsichtlich der Theologie als auch der Astronomie und Magie, erforderte natürlich einen frühen Ausbildungsbeginn." Die Daten, die gewöhnlich der Zeit Daniels in Babylon zugeschrieben werden, sind die Jahre 606 – 534 v. Chr., und es ist wahrscheinlich, daß er die Zeit der siebzigjährigen Gefangenschaft überlebte.

## Die Geschichtlichkeit Daniels

Obwohl es nicht die Absicht dieser Studie ist, Probleme der Bibelkritik zu behandeln, kann die Tatsache, daß die Geschichtlichkeit der Person Daniels sowie die angenommene Datierung seiner Prophetie von seiten der kritischen Bibelforschung heftig angegriffen werden, hier nicht einfach übergangen werden.

Man hat die Autorschaft des Buches einem mythischen Daniel der ugaritischen Legende aus der Zeit des Antiochus Epiphanes zugeschrieben. Zu den Hauptgründen für diese Sichtweise zählen: die bemerkenswerte Genauigkeit, mit der diese Zeit von Daniel beschrieben wird, denn es liest sich mehr wie

Geschichte als wie Prophetie; die angenommenen historischen Irrtümer des Buches; die angeblich aus einer späteren Zeit stammende Sprache. Es kann mit großer Sicherheit gesagt werden, daß die neuere linguistische und archäologische Forschung durchweg dazu beigetragen hat, die traditionelle Sicht von Daniel und seiner Prophetie zu festigen.

Von höchster Bedeutung für den Christen ist die offensichtliche Tatsache, daß die Autorität Christi ebenfalls von diesem Problem berührt wird. In seiner großen prophetischen Predigt sagte Jesus: „Wenn ihr nun sehen werdet den Greuel der Verwüstung stehen an der heiligen Stätte, von dem gesagt ist durch den Propheten Daniel ... alsdann fliehe auf die Berge, wer im jüdischen Lande ist" (Matth. 24, 15. 16). Für den Sohn Gottes war Daniel eine historische Gestalt, der Autor des Buches, das seinen Namen trägt, und die Person, durch die die göttliche Offenbarung gegeben wurde. Wenn man sich also nicht auf diese Weise mit Jesu Anerkennung der Person Daniels und dessen Prophetie befaßt, bedeutet das notwendigerweise, ihn der Unkenntnis zu zeihen, was völlig unvereinbar wäre mit seinem Anspruch, Gott zu sein. Jesus glaubte offensichtlich, daß Daniel den römischen Imperialismus vorausgesagt hat.

Andere Beweisführungen für die Geschichtlichkeit Daniels, wie sie von dem verstorbenen Professor R. D. Wilson aus Princeton beigebracht wurden, sind folgende: Er wird zweimal bei Hesekiel erwähnt (Hes. 14, 14; 28, 3), der etwa acht Jahre später als Daniel nach Babylon gebracht wurde. Er war keine erfundene Gestalt, die dreihundert Jahre nach Hesekiel lebte. Hesekiel gibt spezifische Hinweise auf die Laufbahn Daniels in Babylon.

Nehemia gibt Anhaltspunkte dafür, daß das Buch Daniel zur Zeit der Rückkehr aus der Gefangenschaft bekannt war, und es scheint, daß er bestimmte Ausdrücke daraus übernommen hat.

Das erste Buch der Makkabäer setzt die Existenz und die allgemeine Kenntnis des Buches Daniel vor dem makkabäischen Zeitalter voraus. Im zweiten Kapitel wird speziell Bezug genommen auf Daniel und seine drei Freunde, die bei solchen historischen Persönlichkeiten wie Abraham und David eingeordnet werden.

Die Septuaginta, die Übersetzung des Alten Testamentes ins Griechische, die im Jahre 285 v. Chr. begonnen wurde, schließt das Buch Daniel mit ein. Die reine Tatsache dieser Berücksichtigung setzt voraus, daß es lange vor der Zeit der Makkabäer existiert haben muß und von der jüdischen Gemeinschaft allgemein als Heilige Schrift anerkannt wurde.

Daß die Juden der Auffassung sind, daß Daniel das Buch lange vor Antiochus Epiphanes geschrieben hat, ergibt sich aus der Geschichte des Josephus von der Begegnung des Hohenpriesters Jaddua mit Alexander dem Großen. Als Alexander nach Jerusalem kam, suchte ihn der Hohepriester versöhnlich zu stimmen, indem er ihm die Prophezeiung Daniels zeigte, daß nämlich ein griechischer König Persien unterwerfen sollte. Es gibt keinen Grund dafür, diese Geschichte nicht zu glauben.

Gemäß der Tradition brachte der Enkel Jadduas, Simon der Gerechte, der von 300 – 291 v. Chr. Hoherpriester war, den Kanon des Alten Testamentes zum Abschluß. Es ist äußerst unwahrscheinlich, daß das Buch Daniel später eingefügt werden konnte.

Obwohl die Probleme im Zusammenhang mit dem Buch Daniel keineswegs alle gelöst sind, ist es nicht notwendig, Zweifel daran zu hegen, daß Daniel die historische Persönlichkeit war, wie sie traditionell bekannt ist, daß er der Autor des Buches, das wir als das Buch Daniel kennen, war, und daß er zur Zeit der Herrschaft Josias geboren wurde.

Aus der Sprache, die er gebraucht, und aus seinen Ausführungen ist ersichtlich, daß er ein Mann von großer Gelehrsamkeit und Weisheit war. In diesem Zusammenhang schreibt Dr. Wilbur M. Smith: „Es wird gewöhnlich angenommen, daß von allen Menschen, die jemals gelebt haben, Salomo der weiseste war, aber wir sollten nicht vergessen, daß zweimal so viele unterschiedliche Worte im Grundtext verwendet werden, um die Gelehrsamkeit dieses Propheten aus Babylon zu beschreiben und zu umreißen, als für notwendig gehalten wurden, um die Weisheit des Königs, der Hunderte von Jahren eher lebte, zu beschreiben. Außerdem verwandelte sich die Weisheit Salomos in Torheit, und er wurde in die größten Sünden verstrickt. Die Weisheit Daniels ließ diesen durch alle Wechselfälle seiner Laufbahn hindurch heilig und Gott gegenüber treu bleiben.“

Es heißt, daß Daniel Gelehrsamkeit, guten Rat, Wissen, Erleuchtung, Klugheit, Verständnis und Weisheit besaß (Dan. 1, 4. 17; 2, 14; 5, 11-12). Er soll zehnmal besser gewesen sein als alle Zeichendeuter und Weisen (Dan. 1, 20). Er verstand alle Visionen und Träume, legte sie auf eine Art und Weise aus, die andere verblüffte, und zeigte die Bedeutung dunkler Sinnsprüche (Dan. 5, 12. 16). Gott gab Daniel und seinen Freunden dieses Wissen, damit sie bei ihren Studien, die sie auf den Gebieten der „Gelehrsamkeit“ (d. h. Literatur) und „Weisheit“ (d. h. Wissenschaft) betrieben, geistlichen Scharfblick hatten (Dan. 1, 17).

**Der Charakter**

Von Daniel wird ein Ausdruck gebraucht, der an keiner anderen Stelle der Bibel auftaucht – „Daniel, du von Gott Geliebter“ (Dan. 10, 11). Jesus und Daniel sind die beiden einzigen Personen in der Heilsgeschichte, die von Boten des Himmels „Geliebte“ genannt wurden. Zunächst deutet die Botschaft darauf hin, daß er von Gott sehr geliebt wurde, was ein Zeugnis für sein frommes Leben war. Aber ein solcher Mann wurde unausweichlich auch von seinen Mitmenschen geliebt, mit Ausnahme derjenigen, deren Eifersucht und Neid sie blind machte für den Reiz seines Charakters.

Daniel ist einer der Untadeligsten unter denen, deren Biographie in der Heiligen Schrift aufbewahrt ist. Seine Gegner und Ankläger „trachteten danach, etwas an Daniel zu finden … aber sie konnten keinen Grund zur Anklage und kein Vergehen finden“ (Dan. 6, 5). Das ist nur von einer einzigen anderen Person gesagt worden. „Ich finde keine Schuld an ihm“ (Joh. 18, 38), lautete das Urteil des Pilatus über Jesus. Daniels Selbstzeugnis war: „Mein Gott hat seinen Engel gesandt, der den Löwen den Rachen zugehalten hat, so daß sie mir kein Leid antun konnten; denn vor ihm bin ich unschuldig“ (Dan. 6, 23). Hesekiel zollt der Aufrichtigkeit seines Charakters Anerkennung (Hes. 14, 14. 20).

In Daniels Beziehung sowohl zu Gott als auch zu den Menschen wurde er als treu beschrieben: „Er war treu … Wir werden keinen Grund zur Anklage gegen Daniel finden, es sei denn wegen seiner Gottesverehrung“ (Dan. 6, 5. 6). Das ist wiederum ein Ausdruck, der ausdrücklich für Christus gebraucht wird. Daniels Treue gegenüber seiner Pflicht als Premierminister war so groß, daß selbst seine unerbittlichsten Feinde nicht in der Lage waren, die geringste Beschuldigung der Untreue oder Korruption gegen ihn zu finden. Seine Treue gegen Gott veranlaßte ihn, den Befehl des Königs zu mißachten und eher den Tod zu riskieren, als untreu zu werden.

Aber das herausragendste Element seines Charakters war sein moralischer Mut. In Babylon gab es keine Anbetung im Tempel, keine Beachtung des Sabbats und wahrscheinlich keine alttestamentlichen Schriften, die er hätte lesen können. Ohne äußere Hilfen für die Anbetung blieb Daniel unter den ungünstigsten Umständen Gott absolut treu.

Daniels Mut zeigte sich in vier typischen Situationen. Als er noch ein junger Mann war, handelte es sich um das Problem, Speisen zu essen, die durch einen heidnischen religiösen Ritus geweiht worden waren. Für ihn als frommen Juden hätte das Essen solcher Speisen bedeutet, daß er sich des Götzendienstes schuldig machte. Er war gelehrt worden, daß solches Essen gleichbedeutend war mit der Verunreinigung seiner Person, der Verunehrung Gottes und der Verleugnung seines Glaubens. Auch die Speisen an der königlichen Tafel hätten die levitischen Speisevorschriften verletzt. Vom Standpunkt des persönlichen Nutzens aus war alles darauf angelegt, seine Skrupel zu zerstreuen. Die Nahrung war die beste, die das Land liefern konnte, und welcher junge Mann hat nicht gerne gutes Essen? Wenn er einwilligen würde, wer wollte ihn verurteilen? Es gab für ihn keine Zukunft in Jerusalem. Die Teilnahme würde den Spott der jungen Männer, mit denen er zusammenlebte, vermeiden. Er würde nicht riskieren, die Gunst des Königs zu verlieren oder seinen Zorn auf sich zu laden und so seine Zukunftschancen zu gefährden.

„Daniel nahm sich in seinem Herzen vor“ (Dan. 1, 8). Das ist der Schlüssel zu seinem Charakter und Werk. Er lebte nicht aufs Geratewohl. Bereits in seiner Jugend war er ein Mann mit unbeugsamen Grundsätzen. Sein allererster Tag in Babylon bezeugte dies. Im Leben eines jungen Mannes bestimmt häufig die erste schwere Prüfung den gesamten weiteren Verlauf. Daniel kämpfte und besiegte seine Versuchung bei ihrem ersten Auftreten, ohne sich auf eine fatale Auseinandersetzung einzulassen. Hier war ein junger Mann, der Brights Anklage nicht verdient:

> Den Gefahren, denen wir ausweichen sollten,
> begegnen wir weiterhin.

Den Pfad auf der Straße der Sünde
betreten wir mit sorglosen Füßen.
Von dem Geruch, der den Tod begleitet,
lassen wir uns umgeben.
Und wenn unsere Hände das Tor zuschließen sollten,
dann verhandeln wir mit dem Gegner.

Das Böse, das wir nie tun zu können glauben,
das spielen wir in Gedanken durch.
Was wir ablehnen sollten, lernen wir zu betrachten
mit nachdenklichen Augen.
Wehe der tiefen Unkenntnis
von den Trieben unseres armseligen Wesens!
Die bewußte Sympathie mit dem Bösen
macht, daß ihm unser Wille zustimmt.

Der Dichter Milton behauptete, daß er ferngehalten wurde von den Lastern und Untugenden, die das Leben seiner Mitstudenten in Cambridge schädigten und zerstörten, weil er „eine berechtigte und frömmigkeitsbedingte Ehrfurcht vor seiner eigenen Person hatte". Die Würde göttlicher Ebenbildlichkeit in ihm und der Preis für seine Erlösung hielten ihn davor zurück, mutwillig gegen Gott und sich selbst zu sündigen.

Die festen Überzeugungen und der edle Vorsatz in Daniels Jugend legten die Grundlagen für dessen unbeugsamen Charakter. Und Gott antwortete auf seine Treue, indem er ihm die Gunst des Kämmerers, unter dessen Aufsicht er stand, zuwandte. Der Aufseher gefährdete sogar seinen eigenen Kopf, um ihm etwas zu gewähren, das für ihn nur wie eine merkwürdige Laune des anziehenden jungen Mannes aussehen mußte.

Danach wurde Daniel dazu berufen, dem Zorn eines wütenden orientalischen Despoten zu begegnen. Im zweiten Jahr seiner Herrschaft beschloß Nebukadnezar, die Aussagen seiner weisen Männer und Astrologen zu prüfen, indem er von ihnen verlangte, ihm einen Traum auszulegen, den er ihnen nicht enthüllte. „Mein Wort ist deutlich genug" (Dan. 2,5), sprach er. Hier war eine Möglichkeit, seine weisen Männer auf Herz und Nieren zu prüfen! Der Hokuspokus der Astrologie war bei einer solchen Erprobung schnell enthüllt, mit dem Ergebnis, daß der wütende König ihnen allen, Daniel eingeschlossen, die Todesstrafe ankündigte. Jetzt war für den Mann mit dem moralischen Mut die Gelegenheit gekommen, seine Qualitäten zu zeigen. Er ging zu dem wütenden Despoten, bat ihn um Zeit und bewirkte so einen Aufschub der Durchführung des vorschnellen Befehles. Daniel forderte seine drei Gefährten auf zu beten und suchte Gottes Angesicht in bezug auf den Traum und seine Auslegung, und beides wurde ihm in einer Vision gegeben. Sein Mut und sein Glaube wurden belohnt durch die Begnadigung, die ihnen vom König gewährt wurde.

Das nächste bedeutsame Beispiel für Daniels moralischen Mut war die Situation, als er dem König die wahre, aber tragische Auslegung des Traumes von dem gefällten Baum gab (Dan. 4, 1-24). Von den Wahrsagern Babylons sagte der König: „Sie konnten mir nicht sagen, was er bedeutet." Sie hatten zuviel Angst; nicht so aber Daniel. Er gab seiner Auslegung eine politische Einführung (Dan. 4, 16–19), fuhr dann jedoch fort, die unglaubliche Demütigung, die dem König bevorstand, taktvoll, aber im einzelnen zu schildern, wobei er wußte, daß er aller Wahrscheinlichkeit nach wegen seiner Kühnheit einen Kopf kürzer gemacht werden würde. Das war in der Tat moralischer Mut! Mit ähnlicher Gewissenhaftigkeit stellte er Belsazar dessen Torheit und Sünde vor Augen und sagte ihm den Sieg der Meder und Perser voraus (Dan. 5, 25–28).

Die vierte Situation war der Höhepunkt – die Löwengrube. Die Absicht des Königs Darius, Daniel über alles zu setzen, erregte verständlicherweise bittere Feindseligkeit unter den Statthaltern und Fürsten des Reiches. „Der Neid begann nach ihm zu greifen – ein sicheres Ruhmeszeichen." Joseph A. Seiss charakterisiert die Situation folgendermaßen: „Solch ein Mann in einer solchen Position, der seine Amtsangelegenheiten mit absoluter Genauigkeit und Unparteilichkeit erledigte, selber völlig ehrlich und unnachsichtig in bezug auf die Fehler und Unehrlichkeiten anderer war, der ständig in der Gunst des Königs und im Ansehen beim Volk stieg, konnte aus der Natur der Sache heraus dem Neid und der Bosheit derjenigen, die vergleichsweise schlecht abschnitten und denen er bei ihrem egoistischen Ehrgeiz im Wege stand, nicht entgehen ... Und wenn der böse Geist der Selbstsucht, des Neides und der Bosheit vom Herzen Besitz ergreift, dann sind kein Reiz der Rechtschaffenheit, keine Schönheit der Güte, keine Vortrefflichkeit der Verdienste in der Lage, ihn auszutreiben oder seine Herrschaft zu brechen." Ein guter Mensch kann Feinde haben.

Du habest keine Feinde, sagst du?
O weh, mein Freund, da gibt es geringen Grund
zum Stolz. –
Derjenige, der sich beteiligt hat an dem Streit
der Pflicht, den der Tapfere aushält,
muß sich Feinde gemacht haben. Wenn du keine hast,
ist das Werk, das du getan hast, nur gering.
Du hast keinen Treulosen auf seine Fehler aufmerksam
gemacht;
Du hast keinem Meineidigen die Tasse weggestoßen;
Du hast niemals das Böse zum Guten gekehrt;
Du warst ein Feigling im Kampf.

Charles Mackay

Da die Verschwörer zu feige waren, Daniel selber unschädlich zu machen, suchten sie nach einem gangbaren Weg, um ihr Ziel zu erreichen. Weil sie keine stichhaltige Beschuldigung im Blick auf Daniels Amt erheben konnten, ersannen sie eine Falle im Blick auf seine Beziehung zu Gott. Sie veranlaßten König Darius dazu, ein unwiderrufliches königliches Gesetz zu erlassen, das für dreißig Tage verbot, andere als den König anzubeten oder um etwas zu bitten. In diesem Zusammenhang sollte man sich der Tatsache bewußt sein, daß der König als der alleinige Repräsentant der Gottheit galt.

Dieselbe Entschlußkraft und derselbe moralische Mut, die Daniel in seiner Jugend gezeigt hatte, erreichten nun bei dem alten siebzigjährigen Mann ihren Höhepunkt. „Als nun Daniel erfuhr, daß ein solches Gebot ergangen war, ging er hinein in sein Haus. Er hatte aber in seinem Obergemach offene Fenster nach Jerusalem, und er fiel dreimal am Tag auf seine Knie, betete, lobte und dankte seinem Gott, wie er es auch vorher zu tun pflegte" (Dan. 6, 11). Es ist nicht schwierig, sich den unheiligen Jubel der Satrapen vorzustellen, als sie Daniel denunzieren konnten. Darius war sehr abgeneigt, etwas gegen seinen hochgeschätzten Premierminister zu unternehmen, aber dieser alttestamentliche Pilatus, wie Joseph Parker ihn nannte, übergab ihn seinen Feinden, damit sie ihn in die Löwengrube würfen, obwohl er sich „mühte, bis die Sonne unterging, ihn zu erretten" (Dan. 6,15).

Daniel wurde nicht vor der Löwengrube bewahrt. Er machte eine unendlich schönere Erfahrung. Er wurde in die Löwengrube geworfen und kam heraus mit einem überwältigenden Zeugnis von der Macht Gottes. Er hatte überhaupt keine körperliche Verletzung. Gottes Handeln an seinen Kindern ist nicht immer gleich. Er wechselt seine Methoden. Stephanus erlitt das Äußerste an leiblicher Schädigung, aber er ging ein in die Herrlichkeit mit einem Gesicht gleich eines Engels.

Manchmal wird der Löwen Maul verschlossen;
Manchmal bietet uns Gott Kampf oder Flucht;
Manchmal ernährt er uns am Bach;
Manchmal trocknet der Fluß aus.

Die Gefahr, die seine Liebe zuläßt,
Ist sicherer, als unsere Furcht wissen mag;
Das Risiko, das seine Fürsorge erlaubt,
Ist unsere Verteidigung, wo wir auch gehen.

Annie Johnson Flint

**Das Gebetsleben**

Es ist immer lehrreich und häufig anregend, die Gebetsgewohnheiten von Menschen, die in Gottes Schule sind, zu studieren. Obwohl ihre Biographien oft kurz sind, betonen sie die Punkte, die die meiste Aufmerksamkeit verdienen.

In den Kapiteln eins bis neun wird Daniel viermal betend vorgefunden. Zwei dieser Gebete sind Bitten (Dan. 2, 17-19; 6, 11). Eines ist eine Danksagung (Dan. 2, 19-23), und eines ist ein eindrückliches Gebet des Bekennens und der Fürbitte (Dan. 9, 3-19).

Daniel glaubte an die Macht des gemeinsamen Gebetes. Als er der unmöglichen Aufgabe gegenüberstand, den nicht berichteten Traum Nebukadnezars auslegen zu müssen, rief Daniel als erstes seine drei vertrauten Gefährten, um mit ihnen gemeinsam zu beten (Dan. 2, 17. 18). „Da wurde dies Geheimnis durch ein Gesicht in der Nacht offenbart."

Daniels Gebete waren voller Anbetung und Danksagung. Wo gibt es ein besseres Beispiel für ein Gebet als das, was in Kapitel zwei berichtet wird (Dan. 2, 19–23)? Daniel hegte große und erhabene Gedanken über Gott. Ihm schrieb er Weisheit, Allwissenheit, Macht und Souveränität zu. Daniel erkannte, daß die Epochen der Geschichte von Gott und nicht von den Menschen festgelegt werden. Herrscher und Könige stehen nicht durch die Kraft ihres eigenen Charakters oder durch die Leistungen ihrer Armeen. Es ist Gott, der sie ein- und absetzt. Weisheit und Geheimnisse werden von Gott gegeben oder vorenthalten. Gestützt auf diese majestätische Vorstellung von Gott, stand Daniel furchtlos vor dem König und legte den Traum aus. Die Auslegung leitete er ein mit dem bezeichnenden Satz: „Es ist ein Gott im Himmel."

Es war Daniels Gewohnheit, in seinem ausgefüllten Leben feste Zeiten für das Gebet zu reservieren: „Er fiel dreimal am Tag auf seine Knie ... Jene Männer fanden Daniel, wie er betete und flehte vor seinem Gott" (Dan. 6, 11. 12). Selbst die Androhung eines schrecklichen Todes war nicht in der Lage, ihn von einer bereichernden, lebenslangen Gewohnheit abzubringen.

Daniels großartiges Gebet, das in Kapitel neun berichtet wird, entstand aus einer Entdeckung in der Prophetie seines Zeitgenossen Jeremia (Dan. 9, 2). Daniel erfuhr, daß die Zeit nahegekommen war, in der die siebzigjährige Gefangenschaft seines Volkes enden sollte, und tief betroffen über die Sünde und den Abfall des Volkes, wandte sich Daniel mit Flehen und Fasten an Gott (Dan. 9, 4). Er stellte sich mit seinem Volk und dessen Sündhaftigkeit auf eine Stufe, legte ein Sündenbekenntnis ab und bat um Gottes Gnade und Vergebung. Es war ein Gebet, an dem wir sehr gut unsere eigenen Gebete ausrichten können; so einfach es in seinen Worten ist, so ernst ist sein Inhalt, und so aufrichtig ist es in bezug auf sein Bekenntnis und sein Bitten.

Daniels Erfahrung, die in Kapitel zehn berichtet wird, gewährt einzigartige Einsicht in das Geheimnis des Gebetes. Drei Wochen lang hatte er getrauert und gefastet, während er auf Gottes Antwort auf seine Bitte um Erleuchtung wartete. Aber ihm war keine Antwort gewährt worden. Dann kam die Erklärung. Es sind unsichtbare und feindliche Mächte am Werk gegen die Ziele Gottes auf der Erde und im Himmel: „Aber der Engelfürst des Königreiches Persien hat mir (Gabriel) einundzwanzig Tage widerstanden" (Dan. 10, 13. 14) – genau die Zeit von Daniels Gebetswache. Die Persönlichkeit des Engelfürsten von Persien wird nicht enthüllt, aber er scheint die geistliche Macht hinter den Göttern Persiens zu sein. Es ist genug gesagt, um anzuzeigen, daß in der himmlischen Sphäre ein erbitterter Kampf tobt zwischen den Mächten der Finsternis und den Engeln, die gesandt sind, uns zu dienen in der Beantwortung unserer Gebete. Die ausweglose Situation wurde beendet durch das Erscheinen des Engelfürsten Michael, der Gabriel half, seinen Auftrag zu erfüllen.

Die Qualität von Daniels Gebetsleben wird ersichtlich aus der Kraft und der Entschlossenheit, die ihn befähigte, in jenen drei denkwürdigen, wenngleich endlos scheinenden Wochen, in denen der unsichtbare himmlische Konflikt tobte, im Glauben zu beharren.

## Daniels Erfolgsgeschichte

Daniels Autobiographie liest sich wie ein moderner Erfolgsroman. Von der niedrigen Position eines Verbannten in der Gefangenschaft aus erhielt er eine Beförderung nach der anderen, bis er Herrscher über die Provinz Babylon wurde. Höheres Ansehen und größeren Ruhm konnte man sich in jener Zeit nicht erwerben. Als er noch jung war, gab ihm der oberste Kämmerer den Namen Beltschazar – „er, den Bel bevorzugt" (Dan. 1, 7). Aber Daniel erfreute sich der Gunst eines Gottes, der unendlich größer ist als Bel. Der babylonische König überhäufte ihn mit Geschenken und Ehren. Sein Nachfolger machte Daniel zum Dritten im Königreich (Dan. 5, 29). Unter Darius geschah sogar folgendes: „Über sie (= die Statthalter des Reiches) setzte er (= Darius) drei Fürsten, von denen einer Daniel war. Ihnen sollten die Statthalter Rechenschaft ablegen ... denn es war ein überragender Geist in ihm. Darum dachte der König daran, ihn über das ganze Königreich zu setzen" (Dan. 6, 2-4). Nach seiner Erfahrung in der Löwengrube und der herrlichen Bestätigung seines Glaubens an Gott lesen wir: „Und Daniel hatte große Macht im Königreich des Darius und auch im Königreich des Cyrus von Persien" (Dan. 6, 29). Niemals mehr findet man ihn unter Anklage oder in Schwierigkeiten durch die Fürsten. Welcher andere Mann hat jemals die gleiche Stellung eines Premierministers unter fünf Königen, von denen manche unterschiedlichen Dynastien angehörten, mit Auszeichnung ausgefüllt? Hier handelt es sich um eine Erfolgsgeschichte, die einzigartig ist in der Weltgeschichte.

## Daniels Einfluß

Es ist unmöglich, den verborgenen und offenkundigen Einfluß auf die eigene Generation dieses großartigen Mannes zu bewerten. Daniel hatte großen Einfluß auf seine drei Freunde. Seine kompromißlose Haltung an ihrem ersten Tag in Babylon stärkte sie später, dem König mit unerschrockenen Worten zu antworten: „Da fingen an Schadrach, Meschach und Abed-Nego und sprachen zum König Nebukadnezar: Es ist nicht nötig, daß wir dir darauf antworten. Wenn unser Gott, den wir verehren, will, so kann er uns erretten; aus dem glühenden Ofen und aus deiner Hand, o König, kann er erretten. Und wenn er's nicht tun will, so sollst du dennoch wissen, daß wir deinen Gott nicht ehren und das goldene Bild, das du hast aufrichten lassen, nicht anbeten wollen" (Dan. 3, 16-18). Daniels Beispiel stärkte sie für ihre Feuertaufe.

Daniels großer Einfluß auf Nebukadnezar zeigt sich in der theokratischen Sprache seines Erlasses: „König Nebukadnezar allen Völkern, Leuten aus vielen verschiedenen Sprachen auf der ganzen Erde: Viel Friede zuvor! Es gefällt mir, die Zeichen und Wunder zu verkünden, die Gott der Höchste an mir getan hat. Denn seine Zeichen sind groß, und seine Wunder sind mächtig, und sein Reich ist ein ewiges Reich, und seine Herrschaft währet für und für" (Dan. 3, 31-33). Die offensichtliche Vertrautheit des Königs mit biblischem Gedankengut spiegelt zweifellos den Einfluß Daniels wider.

Daniels moralische Autorität über den verderbten Belsazer veranlaßte den König, Daniel mit Ehren zu überhäufen, anstatt ihn wegen seiner Unheil verkündenden Weissagung zu enthaupten.

Das beste Ergebnis seines Lebens und Zeugnisses war aber, daß er Gott inmitten einer heidnischen Nation verherrlichte.

# Johannes der Täufer
# Der Prediger, der seine Gemeinde verlor

*Die Bedeutung, die Johannes dem Täufer zuerkannt wurde, kann man ablesen an der Art und Weise, wie Lukas ihn vorstellt. Ein römischer Kaiser, ein römischer Landpfleger, drei Vierfürsten und zwei Hohepriester werden genannt, um den Zeitpunkt, an dem das Wort zu Johannes kam, anzuzeigen (Luk. 3, 1).*

G. Campbell Morgan

*Johannes dem Täufer verdanken wir die am tiefsten schürfenden Aussagen, die je in einer Sprache in bezug auf Jesus gemacht worden sind. „Und ich sah es und bezeugte, daß dieser ist Gottes Sohn“ (Joh. 1, 34). Jene Aussagen wurden das Muster, nach dem sich alle nachfolgende Lehre gestaltete. Wir erhalten jene Aussagen nicht durch Beweisführung, sondern durch Offenbarung, und daher haben wir dem Täufer außerordentlich viel zu verdanken. Über keine andere Person sagte Jesus so viel. Über keine andere Gestalt im Neuen Testament besitzen wir so ins einzelne gehende Informationen, und von dem unbeschreiblichen Einfluß, den er auf die frühe Kirche fern und nah ausübte, geben seine Seiten (gemeint ist das NT) ein umfangreiches und überraschendes Zeugnis. „Keiner ist größer als er“ (Matth. 11, 11). In der ganzen strahlenden Versammlung jüdischer Propheten hat keine Krone prachtvollere Edelsteine als die des Johannes. Der Aussage Jesu ist nichts mehr hinzuzufügen.*

George E. Hicks

„Die Aufgabe, den Charakter und das Wirken von Johannes dem Täufer zu würdigen, ist für uns nicht schwierig aufgrund der zahlreichen Äußerungen von Jesus selber. Wenn der Wert eines Lobes zu messen ist an den Lippen, die dieses Lob aussprechen, dann wurde kein sterblicher Mensch je so hoch gepriesen wie Johannes, den Jesus als ein 'brennend und scheinend Licht' (Joh. 5, 35), als einen, der 'mehr war als ein

Prophet' (Matth. 11, 9), bezeichnete und von dem er sagte: 'Unter allen, die vom Weibe geboren sind, ist keiner aufgetreten, der größer sei als Johannes der Täufer“ (Matth. 11, 11).

Diese Worte von J. C. Lambert weisen zu Recht darauf hin, daß Jesus Johannes nicht nur als den größten Mann seiner Zeit, sondern als den größten Mann aller Zeiten bis hin zu jenem Tag bezeichnete, eine Tatsache, die das Studium seines Lebens und Charakters um so bedeutsamer macht. Dennoch ist diese Einschätzung weit entfernt von der allgemeinen Meinung über den strengen und unnachgiebigen Propheten. Er wird gewöhnlich mehr als exzentrischer Asket gesehen, als für den Größten unter den Menschen gehalten.

**Herkunft**

Johannes war, was seine Herkunft anbetrifft, sehr gesegnet. Beide Elternteile waren von priesterlicher Abstammung, eine Tatsache, die seine Kenntnis des Gesetzes und seine Vertrautheit mit der Anbetung im Tempel garantierte. Zacharias und Elisabeth waren fromme Menschen, „die in allen Geboten und Satzungen des Herrn untadelig wandelten“ (Luk. 1, 6). Sie waren kinderlos, aber Gott hielt das Kommen dieses Vorläufers des Messias für so wichtig, daß er in den normalen Verlauf der Natur eingriff, um seine Geburt zu sichern (Luk. 1, 7).

Von keiner anderen Geburt, abgesehen von der Geburt Jesu, wird uns eine solche Fülle der mit ihr zusammenhängenden Einzelheiten übermittelt. Der Engel, der die Geburt ankündigte, enthüllte den Namen, mit dem Johannes genannt werden sollte, und gegen den Willen der Verwandten wurde der Familienname Zacharias übergangen zugunsten von Johannes – „Jahwe ist gnädig“.

Wenn man alle Aussagen, die in jener Zeit gemacht wurden, sammelt, dann zeigen sie übereinstimmend eine ungewöhnliche Gestalt: „Viele werden sich seiner Geburt freuen.“ „Er wird groß sein vor dem Herrn.“ „Er wird schon vom Mutterleibe an erfüllt werden mit dem Heiligen Geist.“ „Er wird der Kinder Israel viele zu Gott, ihrem Herrn, bekehren.“ „Er wird dem Herrn ein bereitet Volk zurichten.“ „Und du, Kindlein, wirst ein Prophet des Höchsten heißen.“ „Du wirst vor dem Herrn hergehen, daß du seinen Weg bereitest und Erkenntnis des Heils gebest ... auf daß er erscheine denen, die da sitzen in Finsternis" (Luk. 1, 14-17. 76-79).

Die Nachbarn und Freunde waren sich der Tatsache, daß dies keine normale Situation und kein gewöhnliches Kind war, das da geboren wurde, wohl bewußt. „Sie verwunderten sich alle", und „alle, die es (das Gesagte) hörten, nahmen's zu Herzen und sprachen: Was, meinst du, will aus dem Kindlein werden?" (Luk. 1, 63. 66). Johannes war ein Kind der Prophetie, ein Kind des Gebetes und ein Kind der Verheißung. „Du wirst vor dem Herrn hergehen, daß du seinen Weg bereitest" (Luk. 1, 76), waren die Worte des Zacharias. „Dein Weib Elisabeth wird dir einen Sohn gebären, des Namen sollst du Johannes heißen", war Gottes tröstliche Verheißung (Luk. 1, 13).

Über die Jugend des Johannes besitzen wir nicht mehr Informationen als über die seines berühmten Vetters Jesus, mit dem er als Kind vermutlich in den Straßen gespielt hat. Was wir wissen, ist in einem Vers zusammengefaßt: „Und das Kindlein wuchs und ward stark im Geist. Und er war in der Wüste, bis daß er sollte hervortreten vor das Volk Israel" (Luk. 1, 80).

Seine Jugend muß jedoch bewertet werden im Lichte zweier bedeutsamer Tatsachen. Erstens war er vom Augenblick der Geburt an mit dem Heiligen Geist erfüllt. Das ist eine Gewähr dafür, daß er die Erleuchtung und den stärkenden Einfluß des Heiligen Geistes in einem ungewöhnlich hohen Maße erfuhr. Seine Einsicht in die Lehren des Alten Testamentes und sein Gehorsam ihnen gegenüber bildeten die Grundlage für seine zunehmende Stärke im Geist. Zweitens wuchs er auf unter einem nasiräischen Gelübde mit all dem, was damit verbunden war. Seine Eltern befolgten den ausdrücklichen Befehl des Engels, daß er weder Wein noch starkes Getränk trinken solle. Alles, was über ihn gesagt wird, zeugt von einer strengen Lebensführung: „Er war bekleidet mit Kamelhaaren und mit einem ledernen Gürtel um seine Lenden und aß Heuschrecken und wilden Honig" (Mark. 1, 6). Hier war ein starker, asketischer, heiliger Mann, zu dem Gott in der Einsamkeit der Wüste, die sein bevorzugter Aufenthaltsort war, sprechen konnte.

## Die Aufgaben des Vorläufers

Wenn eine königliche Reisegesellschaft heutzutage unterwegs ist, so fährt ihr eine Gruppe von Motorradfahrern voraus, deren Aufgabe es ist, die Straße für die hohen Gäste freizumachen. Im Altertum hatte jede wichtige Person ihren *kawass* oder Vorläufer, der ihr vorausging und ihr Kommen ankündigte. Auch der Messias mußte seinen *kawass* haben, und Johannes war bereits vor seiner Geburt dazu ausersehen worden, diese privilegierte Rolle zu übernehmen. Er sollte „den Weg des Herrn bereiten".

Während in der englischen Übersetzung nur das Wort „bereiten" gebraucht wird (Mark. 1, 2. 3), werden im Griechischen zwei Worte verwendet, um die Aufgabe des Vorläufers anzuzeigen. Das erste bedeutet: an einem Ort alle noch fehlenden Dinge anzubringen, um so die Vorbereitungen zu vervollkommnen. Das zweite beinhaltet: vorhandene Dinge, die in Unordnung geraten sind, in Ordnung zu bringen. Dergestalt war die Aufgabe von Johannes in bezug auf das jüdische Volk – er grub nicht allein das Unkraut aus, sondern pflanzte auch Blumen.

George Goodman nennt drei Aufgaben für einen Vorläufer, die alle in Johannes ihre Erfüllung fanden: *Den Weg freimachen* – aus dem Herzen und Leben der Menschen die Hindernisse für das Vordringen des Messias zu entfernen. Das, was krumm ist, muß gerade gemacht werden, unpassierbare Berge müssen abgetragen, Täler ausgefüllt und Unebenheiten entfernt werden. *Den Weg bereiten* – die Straße muß vorbereitet und in Ordnung gebracht werden. Nichts geringeres als echte nationale Reue konnte den Weg für das Kommen des Messias bereiten. Das Volk mußte die wahren Früchte der Reue hervorbringen. *Aus dem Weg gehen* – nachdem er die Hindernisse beseitigt hat, darf der Vorläufer nicht selber ein Hindernis werden. Johannes war der ideale *kawass* in seiner Beziehung zu seinem Herrn (Luk. 3, 4-6).

Man kann diese Gestalt des Vorläufers daneben eindeutig auf das Leben des Christen übertragen. Wenn der Herr durch uns im Leben anderer Menschen triumphieren soll, dann müssen uns nicht aufgefüllte Täler und leere Räume, verschwendete Stunden und ungenutzte Gelegenheiten aufmerken lassen. Die Berge des Unglaubens, des Stolzes und des Ungehorsams müssen abgetragen werden, damit die Annäherung Gottes an die Herzen der Menschen nicht verhindert wird. Alles

Abweichende oder Krumme muß gerade gemacht und richtig eingeordnet werden. Worte und Verhaltensweisen, die roh und ungehobelt sind, müssen dem Anstand und der Höflichkeit weichen, damit das Bild des Herrn nicht verzerrt und sein Triumphzug nicht behindert wird.

**Der Dienst des Johannes**

Wenn man sich vor Augen hält, daß der öffentliche Dienst des Johannes auf weniger als ein Jahr beschränkt war, dann kann man das Wunder seines außerordentlichen Einflusses erkennen. Er durchdrang jede Schicht der Gesellschaft, beim König angefangen bis hin zum Söldner in der Armee. Seine kompromißlose Botschaft änderte sich nicht gemäß seiner Zuhörerschaft. Niemals hatte ein Prophet solch eine umfassende nationale Neubelebung herbeigeführt.

Die Taufe Jesu war ein Wendepunkt im Dienst des Johannes. Vor diesem epochalen Ereignis war er der unnachgiebige Prophet gewesen, der die Sünde des einzelnen und des Volkes anprangerte und das Kommen dessen voraussagte, der größer war als er und dessen Kommen das wohlverdiente Gericht bringen würde. Nach der Taufe und dem Herabkommen des Heiligen Geistes vom Himmel war in seiner Botschaft ein völlig neuer Ton der Hoffnung und der Gewißheit zu hören. In einer nicht berichteten Begegnung mit Gott, die wahrscheinlich in der Wüste stattfand, erfuhr Johannes das Zeichen, das den kommenden Messias kenntlich machen sollte: „Aber der mich sandte, zu taufen mit Wasser, der sprach zu mir: Über welchen du sehen wirst den Geist herabfahren und auf ihm bleiben, der ist's, der mit dem Heiligen Geist tauft. Und ich sah es und bezeugte, daß dieser ist Gottes Sohn" (Joh. 1, 33. 34). Mit diesen Worten im Ohr hat Johannes die Scharen der Bußfertigen, die sich zur Taufe um ihn drängten, wahrscheinlich eifrig geprüft, um das versprochene Zeichen zu sehen. Wie würde er ihn erkennen? Wie sollte er den Geist herabfahren sehen?

An einem unvergeßlichen Tag näherte sich ihm eine einsame Gestalt und bat um die Taufe. Stellte Johannes Jesus dieselben Fragen wie den anderen Taufkandidaten? Waren es die unerwarteten Antworten, die eine völlige Unkenntnis von persönlicher Sünde offenbarten und ihm die Augen öffneten? Zeigte die offensichtliche Reinheit in Jesu Augen Johannes die eigene Untauglichkeit für das Himmelreich?

Noch kurz zuvor hatte Johannes die Pharisäer und Sadduzäer als Otterngezücht öffentlich gerügt. Jetzt bekannte er Jesus: „Ich bedarf wohl, daß ich von dir getauft werde, und du kommst zu mir?“ (Matth. 3, 7. 14). Als Jesus jedoch darauf bestand, überwand Johannes seinen Widerstand, und mit zitternder Ehrfurcht vollzog er den Taufritus. Sofort kam das angekündigte Zeichen, und „er sah den Geist Gottes wie eine Taube herabfahren und über ihn kommen. Und siehe, eine Stimme vom Himmel herab sprach: Dies ist mein lieber Sohn, an welchem ich Wohlgefallen habe“ (Matth. 3, 16. 17). Vorher hatte Johannes gesagt: „Ich kannte ihn nicht.“ Jetzt *kannte* Johannes ihn, und er bezeugte, daß dieser der Sohn Gottes sei.

Bis jetzt hatte Johannes sich hervorgetan, indem er über Sünde, Gericht und Buße sprach, und ohne diese Pflugschar, die den brachliegenden Boden des nationalen Bewußtseins aufriß, wäre das Volk nicht auf das Kommen des Messias vorbereitet gewesen. Jetzt, wo der Messias gekommen war, verwandelte sich der harte Prophet in einen leidenschaftlichen Evangelisten, der das Lamm Gottes vorstellte: „Dieser war es, von dem ich gesagt habe“ (Joh. 1, 15).

Als Herold des Messias verkündete er ansatzweise einige Grundlehren, die im Zentrum des Evangeliums stehen und den Kern der christlichen Theologie bilden:

*Die Präexistenz Christi.* „Nach mir kommt ein Mann, welcher vor mir gewesen ist, denn er war eher als ich“ (Joh. 1, 30). Instinktiv erkannte Johannes, daß es keine Inkarnation des Sohnes Gottes hätte geben können, wenn dieser nicht zuvor existiert hätte. Hier war einer, der „weder Anfang der Tage noch Ende des Lebens“ (Hebr. 7, 3) hatte.

*Die Gottheit Christi.* „Dieser ist Gottes Sohn“ (Joh. 1, 34). Wenn Jesus nicht Gott war, konnte er keine Sühne für die Sünde schaffen. Wäre er ausschließlich Mensch gewesen, dann wäre er das gewesen, was David Fr. Strauß von ihm sagte: „Das größte religiöse Genie, das je unter den Menschen aufgetreten ist, und das reinste und auserlesenste Produkt des moralischen Bewußtseins, das wir alle in uns haben.“ Aber er wäre nicht in der Lage gewesen, die Sünde der Welt wegzunehmen.

*Das Sühnopfer Christi.* „Siehe, das ist Gottes Lamm, welches der Welt Sünde trägt" (Joh. 1, 29). Johannes erkannte ganz genau das zentrale Problem der Menschheit. Das Lamm Gottes würde sich nicht nur mit den Früchten, den Sünden, sondern auch mit der Wurzel, der Sünde, befassen. Johannes verstand die Universalität sowohl des Problems wie seiner Beseitigung, denn das Lamm sollte die Sünde der Welt wegnehmen. Johannes konnte bestenfalls die Sünde anprangern, aber hier war einer, der fähig war, die Last der Sünde von den Schultern der Menschen zu nehmen.

Für den frommen Juden beschwor der Begriff „Lamm Gottes" eine ganze Welt heiliger Symbolik herauf, die sich mit dem Opfersystem seines Volkes verbunden hatte. Johannes, der in der Lehre des Gesetzes und der Propheten ganz zu Hause war, griff die bedeutungsvolle Gestalt des Lammes auf und wies hin auf Christus als den Brennpunkt und die Erfüllung aller Opfer der Vergangenheit. Tausende Lämmer waren geschlachtet worden, aber ihr Blut hatte die Sünde nur „zugedeckt". Bei der Vergießung seines Blutes sollte sich das Lamm Gottes endgültig und für alle Zeit mit dem Problem, das durch die Sünde des Menschen geschaffen wurde, auseinandersetzen, und das sollte es auf eine Art und Weise tun, die sowohl Gott wie den Menschen zufriedenstellen sollte.

*Der Heilige Geist.* Wie Christus symbolisch als das Lamm dargestellt wird, so wird der Heilige Geist verglichen mit einer Taube und mit Feuer (Matth. 3, 11. 16). Es war Johannes, der durch göttliche Offenbarung die kommende Taufe mit Geist und Feuer voraussagte (Luk. 3, 15. 16). In der Gestalt einer Taube kam der Heilige Geist auf Christus bei dessen Taufe herab. Diese gegensätzlichen und dennoch sich ergänzenden Symbole erhellen das Wesen und den Dienst des Heiligen Geistes. „Der wird euch mit dem Heiligen Geist und mit Feuer taufen" (Luk. 3, 16). Es ist die Aufgabe des Feuers zu verzehren oder zu läutern, zu wärmen und zu erhellen.

Aber der Geist des Feuers, daran erinnert Johannes, hat auch Teil am Wesen der Taube – unschuldig, freundlich, friedliebend, rein. Das sind die Eigenschaften, die der Geist über den ausgoß, auf dem er sich niederließ und die er all denen gewähren will, die ihr Herz seiner unermeßlichen Fülle öffnen.

## Lobreden über Johannes

Daß es sich bei Johannes in macherlei Hinsicht nicht um einen außergewöhnlichen Mann handelte, zeigt sich aus der Bewertung dieses Mannes durch seine Zeitgenossen. „Johannes tat keine Zeichen", sagten sie, „aber alles, was Johannes von diesem gesagt hat, ist wahr" (Joh. 10, 41). Diese Worte lassen diesen größten aller Propheten zu einem von uns werden. Wir brauchen ihn nicht auf ein uns haushoch überragendes Podest zu stellen. Er war ein ganz normaler Mensch, der außerordentlich wurde durch seinen Gehorsam gegenüber den Gesetzen Gottes. Er tat keinen spektakulären Dienst voller übernatürlicher Ereignisse. Er vollbrachte keine Heilungswunder wie Petrus und die anderen Apostel. Er war ein rauher, asketischer, kompromißloser Mann, der eine wenig beliebte Botschaft brachte – ein Mann, der an nur einer Sache interessiert war. Vor seiner Begegnung mit Jesus bei dessen Taufe hatte Johannes nur eine einzige Botschaft: „Kehrt um und laßt euch taufen." Nach der Taufe Jesu hatte er noch immer nur eine einzige Botschaft zu verkünden: „Seht das Lamm Gottes!"

Der Mangel an auffälligen Begabungen verschloß die Lippen des Johannes jedoch nicht, wie das bei vielen Christen der Fall ist. „Alles, was Johannes von diesem gesagt hat, ist wahr", lautete das Zeugnis seiner Mitmenschen. Johannes gebrauchte seine Durchschnittsgaben, um Zeugnis für Christus abzulegen. Seine Verkündigung war so wirkungsvoll, daß seine Zuhörer Christus überprüften und feststellten, daß alles stimmte, was Johannes von ihm behauptet hatte. „Und es glaubten allda viele an ihn", war das Ergebnis seines Zeugnisses (Joh. 10,42).

Wir mögen vielleicht nicht sonderlich begabt sein. Uns mag vielleicht auch kein aufsehenerregender Dienst anvertraut sein. Aber wir können anderen die Wahrheit über Christus weitersagen, und wenn wir Zeugnis geben, wird der Heilige Geist unsere Worte bekräftigen. Unser Zeugnis wird am wirkungsvollsten sein, wenn unsere Mitmenschen wie bei Johannes keine Diskrepanz zwischen unseren Worten und unserem täglichen Leben feststellen können. Von Johannes kann gesagt werden, daß die Qualität seines Lebens das Zeugnis seiner Worte klar veranschaulichte.

Johannes wurde aus allen, die vor ihm lebten, herausgehoben durch das Lob, das ihm von Jesus selbst gespendet wurde. Jesus widmete Johannes drei Lobreden, wie er sie keinem anderen zuteil werden ließ.

Die erste war eine Lobrede auf die natürliche Bedeutung des Johannes: „Unter allen, die vom Weibe geboren sind, ist keiner aufgestanden, der größer sei als Johannes der Täufer" (Matth. 11, 11). Alle Eigenschaften, die einen bedeutenden Menschen ausmachen, waren bei ihm vorhanden – die Vornehmheit des Charakters, die Lauterkeit im Verhalten, die Treue gegenüber Gott und seinem offenbarten Willen. Johannes war der größte Mensch, den die Welt bis zu diesem Zeitpunkt gesehen hatte.

> Johannes war der beklagenswerteste oder der bedeutendste Mensch,
> der bis heute von einer Frau geboren wurde.
> Johannes war wie eine einsame Bergspitze,
> Die der Schöpfer in die rote Glut der aufgehenden Sonne hüllt.
>
> F. W. H. Meyers

Dann zollte Jesus dem prophetischen Dienst des Johannes seine tiefste Anerkennung: „Was seid ihr hinausgegangen in die Wüste zu sehen? Wolltet ihr ein Rohr sehen, das vom Winde bewegt wird? … Wolltet ihr einen Menschen sehen in weichen Kleidern? Sehet, die herrliche Kleider tragen und üppig leben, die sind an den königlichen Höfen … Wolltet ihr einen Propheten sehen? Ja, ich sage euch: Er ist mehr als ein Prophet" (Luk. 7, 24-28). Der Prophetenstand war bei dem jüdischen Volk am höchsten angesehen, und die Gabe der Prophetie wurde am meisten begehrt. Aber so hervorragend die ganze Reihe von Propheten auch gewesen sein mochte, so versicherte Jesus doch, daß der letzte in dieser Reihe alle anderen überrage. Johannes war größer als Mose oder Elia, Daniel oder Jesaja. Als Gottes persönlicher Vertreter übte er sein beschwerliches und unpopuläres Amt auf eine Art und Weise aus, die den ungeteilten Beifall seines Meisters fand.

Dem flammenden Zeugnis des Johannes spendete Jesus jedoch das eindrucksvollste Lob: „Er war ein brennend und scheinend Licht" (Joh. 5, 35). Diese Anerkennung beinhaltet Bemerkenswertes. Warum gebrauchte Jesus zwei ähnliche Worte, um dasselbe zu beschreiben? Die Worte sind in der Tat ähnlich, aber nicht gleichbedeutend. Scheinend bedeutet, daß das Leben des Johannes die ihn umgebende Dunkelheit strahlend erhellte. Brennend beinhaltet, daß er in diesem Prozeß selber verzehrt wurde. Weil sein Leben für die Sache Gottes brannte, war es ein brennendes und scheinendes Licht.

In seinem Charakter gab es brennbare Elemente, die durch die Flamme Gottes entzündet werden konnten. Es gibt brennbare Elemente in unser aller Leben. Unsere Zungen können „von der Hölle entzündet sein" (Jak. 3, 6). Wir können brennen vor Leidenschaft oder lodern vor Zorn. Das Feuer der Lust, des Ehrgeizes und der Rachsucht kann uns verzehren. Aber es war ein heiliges Feuer, das im Herzen des Johannes brannte. Eingetaucht in das Öl des Geistes und berührt von dem Feuer Gottes, wurde sein Leben weißglühend. Das Geheimnis der Wirksamkeit des Johannes liegt in der Tatsache, daß seine ganze Persönlichkeit vom Heiligen Geist beherrscht und durchdrungen war. Diese heilige Flamme löschte die falschen Feuer von Stolz und Ehrgeiz.

Es sollte festgehalten werden, daß das in diesem Vers im Grundtext gebrauchte Wort *Lampe* und nicht *Licht* ist. Christus war das Licht, und wenn das große Licht kommt, ist die Lampe nicht länger notwendig. Als Jesus dieses Lob aussprach, war der kurze Dienst des Johannes bereits praktisch abgeschlossen, und dieser befand sich im Gefängnis. Die Lampe hatte ihre Aufgabe erfüllt. Johannes war eine brennende und scheinende Lampe, die den Weg zu dem wahren Licht gewiesen hatte.

Eine Lampe war in den Tagen des Johannes eine einfache Sache – eine irdene Schale mit Öl, Docht und Flamme. Johannes war weder Öl noch Flamme, sondern nur der Docht. Der Docht wird weder gesehen noch bemerkt – nur wenn er nicht hinreichend funktioniert. Sein Dienst ist im wesentlichen verborgen. Das Licht ist es, welches das Auge auf sich zieht. Das bedeutsame geistliche Prinzip ist, daß die Kraft des Heiligen Geistes nur auf diejenigen fällt, die bereit sind, durch die Bekleidung mit eben dieser Kraft unsichtbar gemacht zu werden.

Bei der Begräbnisfeier des exzentrischen John Brown, dem Fürsprecher der Negersklaven in Nordamerika, hielt Wendell Phillips die Grabrede. Dem so gern Befreier sein wollenden seine Anerkennung zollend, machte Phillips die folgende, bedeutungsschwereAussage: „Manche Menschen kämpfen sich in die Unbekanntheit hinein, während andere sich in die Unsterblichkeit hinein vergessen." Wer hat nicht schon gehört von John Brown, dessen Leib im Grab vermodert?

Der Docht existiert nur, um verbraucht zu werden. Wenn

er überlebt, hat er seinen Zweck verfehlt. So etwas wie einen geistlichen Dienst ohne Kosten gibt es nicht. Wenn wir anderen dienen, wird eine Wirkung von uns ausgehen. Wir haben das Vorrecht, uns selbst zu opfern als Brennstoff für die Flamme Gottes. Ein Docht besitzt keine eigene Leuchtkraft. Nur wenn er in Öl getaucht ist, kann er Licht weitergeben. Er kann kein Öl horten, sondern lebt immer am Rande des Bankrotts.

Es ist natürlich möglich, unser Leben auf törichte Weise wegzuwerfen, indem wir die Kerze an beiden Enden anbrennen. Als Robert Murray McCheyne im Alter von nur dreißig Jahren auf dem Sterbebett lag, sagte er zu einem Freund, der an seinem Bett saß: „Gott gab mir eine Botschaft zum Weitergeben und ein Pferd zum Reiten. Leider habe ich das Pferd getötet, und jetzt kann ich die Botschaft nicht mehr weitergeben." Das „Pferd" war natürlich sein Körper. Menschen im Dienst des Herrn müssen bejahen, daß ihr Dienst etwas kostet, wenn er wirkungsvoll sein soll, aber sie müssen sorgfältig darauf achten, daß sie das Pferd nicht töten.

## Die Eigenschaften, die das Lob hervorriefen

Jesus gab gern Anerkennung, aber mit großem Lob war er sparsam. Sein Lob „wohl getan" erhielten nur diejenigen, die etwas auch gut gemacht hatten. Es ist daher lehrreich, die Eigenschaften des Lebens und des Charakters festzuhalten, die Johannes dieses unvergleichliche Lob einbrachten.

Johannes hatte brennende Überzeugungen. Ein kleiner Mensch kann seine feste Meinung haben; ein großer Mann hat feste Überzeugungen. Meinungen kosten einem nur den Atem, sie auszusprechen. Überzeugungen können einem das Leben kosten. Die Überzeugungen des Johannes erweckten die Aufmerksamkeit des ganzen Volkes. Um eine große Menschenmenge anzuziehen, ging er einfach in die Wüste und predigte Buße, und seine Überzeugungen hatten einen tiefen Einfluß auf diejenigen, die sich um ihn versammelten.

Johannes war ein Mann von offenkundiger Aufrichtigkeit. Man konnte ihm nicht vorwerfen, daß er egoistisch war. Seine Motive klangen wahr. Er war weder scheinheilig noch arglistig. Als Billy Graham nach einer Audienz bei Sir Winston Churchill und einigen Mitgliedern der englischen Regierung den Raum verließ, sagte Churchill: „Da geht ein aufrichtiger Mensch." Man merkt sehr schnell, ob Aufrichtigkeit vorhanden ist oder ob sie fehlt.

Bei der Auswahl der Themen seiner Predigten zeigte Johannes furchtlosen moralischen Mut. Als er König Herodes, der einen ausschweifenden Lebenswandel führte, unter seinen Zuhörern erblickte, änderte er seine Rede nicht, um seinem erhabenen Zuhörer zu gefallen. Wohl wissend, daß das, was er sagte, ihm wahrscheinlich das Leben kosten würde, erteilte er ihm einen scharfen Verweis: „Es ist nicht recht, daß du deines Bruders Weib hast" (Matth. 14, 4). Johannes konnte weder zum Schweigen gebracht noch bestochen werden. Seine Botschaft war für groß und klein dieselbe: „Tut Buße." „Es ist nicht recht." Er prangerte das Böse an, wo immer er es sah.

Als John Knox vor Königin Mary für seine Prinzipien eintrat, fragte sie, ob er es als richtig ansehe, daß man der Autorität von Herrschern Widerstand entgegenbringe. Seine Antwort lautete: „Wenn Fürsten über ihre Grenzen hinausgehen, gnädige Frau, darf man ihnen Widerstand leisten und sie sogar entthronen." Männern wie Johannes und John Knox, die auf eigene Gefahr den Herrschern sagten, daß es ein moralisches Gesetz gibt, das nicht straflos gebrochen werden kann, hat die Welt viel zu verdanken.

Die mutige Predigt des Johannes brachte ihm den Groll der Frau des Herodes ein und endete mit der blutigen, aber eindrucksvollen Gabe seines Kopfes auf einer Schale an die Tochter der Herodias. Aber selbst der Tod konnte seine verurteilende Stimme nicht zum Schweigen bringen. Als der feige Herodes von den Wundern und der wachsenden Beliebtheit Jesu hörte, sagte er: „Johannes, den ich enthauptet habe, der ist auferstanden" (Mark. 6, 16).

Johannes praktizierte strenge Selbstdisziplin. Bereits als Junge, der unter einem nasiräischen Gelübde stand, lernte er in seinem Elternhaus Selbstverleugnung. Als unabhängiger Mann übte er in der Wüste strenge Selbstdisziplin. Jesus bezeugte, daß er kein schwankendes Rohr war, das von jedem Wind der allgemeinen Meinung bewegt wurde. Johannes war kein verweichlichter Stutzer, der in Samt und Seide gekleidet ging und auf der Suche war nach einer leichten Aufgabe am Hof. Ein Gewand aus Kamelhaar reichte ihm. Auch war er kein verwöhnter Feinschmecker. Eine Speise aus Heuschrekken und wildem Honig war ihm ausreichend. Für die Luxus und Bequemlichkeit liebende Oberschicht seiner Zeit war Johannes eine ständige Anklage.

Seine vielleicht bemerkenswerteste Eigenschaft war seine wahrhaftige Demut, bemerkenswert deshalb, weil sie so selten ist. An welchem Punkt man ihn auch prüfte, er blieb immer wahr. Niemals gebrauchte er seine große Beliebtheit zum eigenen Nutzen. Er war bescheiden in seinen Ansprüchen und hielt seine Person ständig im Hintergrund. Sein erstaunlicher Dienst verlangte eine Erklärung, aber als er gefragt wurde, ob er der Messias sei, bestritt er diese Vorstellung sofort. „Elia?" „Nein." „Der Prophet?" „Nein." (5.Mose 18, 15; Joh. 1, 21. 25). „Was bist du denn?" wollten die Menschen wissen. „O, ich bin nur eine namenlose Stimme. Ich bin nicht der Bräutigam. Ich bin nur sein Freund." Anstatt die Gelegenheit auszunutzen, um große Bekanntheit zu erlangen, zog Johannes es vor, in der Anonymität zu bleiben.

Das Zeugnis des Johannes war niemals ichbezogen, sondern zielte immer auf Christus. Es bot sich ihm eine einzigartige Gelegenheit zur Selbstverherrlichung, als er gefragt wurde: „Was sagst du von dir selbst?" Anstatt eine eindrucksvolle Lebensbeschreibung von sich zu geben, rühmte Johannes seinen Rivalen. Kein Wunder, daß Jesus ihn lobte. Johannes sprach von der Macht Christi: „Ein Stärkerer als ich"; von seiner Präexistenz: „Der vor mir gewesen ist"; von seiner Überlegenheit: „Er ist über alle" (Joh. 3, 31).

Die Freude des Johannes erreichte ihren Höhepunkt, als jeder ihn vergaß, um die Stimme des Bräutigams zu hören: „Der Freund aber des Bräutigams steht und hört ihm zu und freut sich hoch über des Bräutigams Stimme. Diese meine Freude ist nun erfüllt" (Joh. 3, 29). Er frohlockte, als seine Jünger ihn verließen, um Jesus zu folgen (Joh. 1, 37). Nicht jeder Prediger ist bereit, seine Gemeinde dem Prediger aus der nächsten Seitenstraße zu überlassen! Johannes freute sich sogar, als Jesus auf Kosten seines eigenen Rufes bekannt wurde: „Er muß wachsen, ich aber muß abnehmen" (Joh. 3, 30). Die Ehre des Messias bedeutete ihm mehr als seine eigene Ehre. Das sind zweifellos die Kennzeichen echter Demut.

Wo ist die Liebe, die der Täufer lehrte,
und wo die unerschütterliche Seele und die furchtlose Zunge?
Wo ist die Weisheit, die vieles erträgt und die

im einsamen Gebet zwischen den gespenstischen Felsen zu finden ist?
Wer es für Gewinn hält,
wenn sein Licht abnimmt,
wird so die ganze Welt zu Jesus hinziehen.

Keble

## Der Sieg seines Glaubens

Allem äußeren Anschein nach ging die Sonne des Johannes in der Finsternis unter. Sein treues und selbstloses Eintreten für die Sache Jesu brachte ihn ins Gefängnis – eine unerträgliche Qual für einen Mann, der die Weite gewohnt war. Als er von seinen Jüngern erfuhr, daß Jesus in der Nähe war, hoffte er natürlich, daß dieser ihn besuchen und trösten würde; aber die Tage vergingen ohne auch nur eine Botschaft des Trostes. Zuletzt geriet sein Glaube ins Schwanken. Sein quälender Zweifel kommt zum Ausdruck in der Frage an Jesus: „Bist du, der da kommen soll, oder sollen wir eines anderen warten?" (Matth. 11, 3). „Habe ich einen Fehler gemacht? Bist du vielleicht gar nicht der Messias?"

Johannes kannte die Weissagung, daß der Messias den Gefangenen die Freiheit verkündigen werde (Jes. 61, 1), aber zu ihm war er nicht gekommen. Der Messias sollte die verbinden, die ein zerbrochenes Herz haben, aber er sandte keine Botschaft, um Johannes' zerbrochenes Herz zu heilen. Selbst ein Mann aus Granit kann das Opfer quälender Zweifel werden.

„Das stelle man sich vor", sagte J. Paterson Smyth. „Der Herold Christi äußerte Zweifel an ihm. Beachten Sie die schlichte Ehrlichkeit der Geschichte, die das so einfach berichtet. Stellen Sie sich vor, unter welcher Zweifelsqual der Mann gelitten haben muß, um eine solche Frage stellen zu lassen. Was sollen wir dazu sagen? Daß er ein Schwächling war? Daß er seinen Glauben verloren hatte und unwürdig war, der Herold Christi zu sein? O nein! Der Mensch, der dieser Ansicht ist, weiß wenig von der Psychologie des Zweifels oder der Qual einer großen Seele, deren Glauben erschüttert wird."

Die rätselhafte Antwort Jesu zeigt deutlich, daß Johannes beinahe den Punkt erreicht hatte, an dem er über Jesu Verhalten ihm gegenüber strauchelte. Vor den Augen der Jünger des Johannes vollbrachte Jesus die ihn beglaubigenden Wunder, die den Messias kennzeichnen sollten. Er beauftragte sie, Johannes zu berichten, was sie gesehen hatten, und fügte diesen bedeutsamen Satz hinzu: „Und selig ist, der nicht Ärgernis nimmt an mir" (Matth. 11, 6). Selig ist der Mensch, der in jeder Prüfung, der ihn der Meister im Interesse des Himmelreiches aussetzt, treu bleibt. Des Meisters Schweigen und seine Zurückhaltung mögen unerklärlich und sogar unvernünftig scheinen. Das ist der Augenblick, in dem wir ihn am meisten ehren können durch unser unerschütterliches Vertrauen.

Aber der Glaube des Johannes versagte nicht. In seiner Frage ist seine Entschlossenheit enthalten, weiter nach dem kommenden Messias auszuschauen. Er mag die Zeichen mißverstanden haben, aber er hat nicht den Glauben an die Verheißung der Schrift verloren.

Das Nachspiel wird nicht berichtet, aber es gibt kaum einen Zweifel daran, daß der beruhigende Bericht seiner Jünger und die stärkende Botschaft Jesu ihren Zweck erreichten. Der Glaube des Johannes wurde wiederhergestellt, und als er enthauptet wurde, starb der größte aller Propheten ebenso würdig, wie er gelebt hatte.

Gesegnet ist der, dessen Glaube keinen Anstoß nimmt,
wenn überall um ihn herum
die Macht Gottes täglich Befreiung wirkt
für andere.
Und der, obwohl in irgendeinem trostlosen Gefängnis
seine eigene Seele verschmachtet,
bis er auch das Leben läßt,
dennoch still auf seines Vaters Liebe und Plan vertraut
und darin zufrieden ruhen kann.
Ja, gesegnet bist du, dessen Glauben keinen Anstoß nimmt
an unerklärlichen Prüfungen,
an ungelösten Rätseln, die alle Vernunft übersteigen,
bis das Ziel erreicht ist.

F. H. Allen

# Petrus
# Der Kieselstein, der ein Fels wurde

*Sein Name steht zuoberst auf jeder Liste der zwölf Apostel, was eine schon in sich selbst bemerkenswerte Tatsache ist. Es entspricht seinem Charakter, wie wir ihn kennen, und seinem Verhalten, wie wir es aus den vielen verfügbaren Berichten ersehen können. Weder überlegte er vorher die Folgen, noch sah er die Notwendigkeit ein, den Hintergründen einer Situation Rechnung zu tragen. Er war keine Blume, die im Verborgenen blüht! Schnell, impulsiv, großzügig, ungestüm – er war ein Mann, der seinen Gefühlen Ausdruck verleihen mußte, ein Mann, der, wenn er etwas sah, das auch sagen mußte – ein Mann, auf dessen Wahrnehmung Taten folgen mußten. Wenn die Logik der Tatsachen einmal erkannt worden war, verlangte das ein sofortiges In-Aktion-Treten von seiten des Petrus. Petrus hatte nicht die Gewohnheit, die Dinge auf die lange Bank zu schieben. Er war „auf Draht", ein Mann, der zuerst handelte und dann – manchmal zu seinem eigenen Leidwesen – erst darüber nachdachte. Solch ein Mann wird Fehler machen. Aber er wird auch andere Dinge tun, die nicht falsch sind.*

J. Stuart Holden

In keiner anderen biblischen Biographie finden wir so viele Einzelheiten über die Zurüstungstechnik Jesu bei einem Menschen, der ein Instrument bei der Erfüllung seines Weltplanes sein sollte. Die impulsive Persönlichkeit des Petrus, seine offenen Äußerungen und seine tiefe Hingabe machten ihn zusammen mit seiner großen Kraft und der Schwere seiner Fehler zu einem idealen Testfall für die Methoden des Herrn. Die Wege Gottes und die des Menschen stehen oft in bemerkenswertem Gegensatz zueinander. „Gott beginnt im Verborgenen. Er ruft einen einzelnen aus der Masse heraus, rüstet ihn lange und geduldig zu und macht ihn schließlich zu seinem Partner, zum Zentrum einer neuen Einheit, zum Kanal, durch den er sich selbst in die Welt verströmt." In seiner Weisheit erwählte Gott diesen schlichten, impulsiven und liebenswerten Juden, um die Leitung der Apostelschar zu übernehmen.

Simon Petrus stammte aus der kleinen Stadt Bethsaida

(Joh. 1, 44). Er erhielt zweifellos eine normale Grundausbildung. Die zynische Beschreibung seiner Person und der seiner Mitjünger als „ungelehrt und einfach" beinhaltete nicht, daß sie Analphabeten, sondern daß sie Laien waren, die nicht in der Lehre der Rabbiner ausgebildet worden waren. Da Petrus im „heidnischen Galiläa" ansässig war (Matth. 4, 15), war er in der Lage, sich sowohl im Griechischen als auch in seiner aramäischen Muttersprache auszudrücken. Petrus und sein Bruder Andreas besaßen gemeinsam ein erfolgreiches Fischereiunternehmen. Zum Zeitpunkt der Begegnung mit Jesus war Petrus bereits verheirateter Mann (Mark. 1, 21. 29. 30), der sein Haus in Kapernaum hatte. Clemens von Alexandrien berichtet, daß Petrus und seine Frau, die ihn bei der Verbreitung des Evangeliums unterstützte, gemeinsam den Märtyrertod erlitten und daß Petrus der grausamen Prüfung unterzogen wurde, seine Frau vor ihm leiden zu sehen.

Die machtvolle Predigt Johannes' des Täufers hatte den leidenschaftlichen Fischer offenbar tief beeindruckt. Als glühender Patriot begrüßte Petrus das Kommen dieses neuen Propheten, der vielleicht der Verkünder eines neuen Zeitalters für sein Volk war. Der drängende Aufruf zur Buße hatte den Grund seines Herzens für die Begegnung mit Jesus vorbereitet. Er war nicht anwesend, als Andreas Jesus zum ersten Mal begegnete (Joh. 1, 39), aber er reagierte eifrig auf seine Einladung, mit der Person zusammenzutreffen, die sein Leben auf den Kopf stellen sollte. Niemals vergaß er den forschenden Blick oder die geheimnisvolle prophetische Äußerung: „Du bist Simon; du sollst Kephas heißen" (Joh. 1, 42).

**Die Berufung**

Die Berufung von Petrus und Andreas hört sich in unseren modernen Ohren merkwürdig an. Sie gingen ihrem normalen Beruf nach, als Jesus am Ufer des Galiläischen Meeres daherkam. „Folget mir nach, ich will euch zu Menschenfischern machen", sprach er. „Und alsbald verließen sie ihre Netze und folgten ihm nach" (Mark. 1, 16-18). Welch eine gebietende Persönlichkeit war Jesus! Welch einzigartige Anziehungskraft übte er aus, wenn er durch die einfache Einladung, ihm zu folgen, Menschen vom Erwerb ihres Lebensunterhaltes abhalten konnte. Petrus und Andreas schienen zu begreifen, was er mit „dem Fangen von lebendigen Menschen“ meinte, worauf der Ausdruck „Menschenfischer“ hinweist, und für sie war die Aussicht, in seiner Gesellschaft Menschenfischer zu sein, so verlockend, daß sie sie veranlaßte, ihre Netze im Stich zu lassen, alles aufzugeben und ihm zu folgen. Die Herzen vieler anderer sind durch denselben Ruf aufgerüttelt worden.

Bei der Hochzeit zu Kana, dem als nächstes berichteten Ereignis, müssen Petrus und seine Kameraden überrascht gewesen sein über den Gegensatz zwischen Jesus und seinem enthaltsamen Vetter Johannes. Hier wie überall war Jesus ein willkommener Gast bei dem Fest. Seine Gegenwart steigerte die Freude, weil sie sie reinigte. Mit Ehrfurcht bezeugten sie jenes erste Wunder und tranken von dem zu Wein gewordenen Wasser. Bis zu diesem Zeitpunkt hatte die starke und gewinnende Persönlichkeit Jesu sie angezogen. Jetzt glaubten sie voll an ihn (Joh. 2, 1-11).

**Wesensmerkmale**

Lloyd Douglas hatte recht, als er seinem Buch den Titel „Der große Fischer“ gab, denn Petrus war in jeder Hinsicht groß; groß in seinen Tugenden und gleichermaßen groß in seinen Charakterschwächen. Petrus hatte seinen Platz gewöhnlich im Mittelpunkt des Bildes. Alles, was er tat, tat er eindrucksvoll. Es hat seinen guten Grund, daß sein Name auf jeder Liste der zwölf Apostel an erster Stelle steht. Niemeyer ist der Ansicht, daß in Petrus mehr von der menschlichen Natur zu finden ist als in jedem anderen Apostel und daß gerade seine Menschlichkeit ihn so mit uns verbindet. Er war ein Abbild unserer Schwächen und Bestrebungen, unserer Hoffnung sowie unseres Versagens.

Von Natur aus war Petrus ungestüm und impulsiv. Er konnte nichts halbherzig tun. Das Herz regierte seinen Verstand. In seinem Übereifer, seinen Herrn so schnell wie möglich zu erreichen, sprang er über Bord in den stürmischen See. In seiner liebenden Sorge zögerte er nicht einmal, seinen Herrn zurechtzuweisen. In der Treue zu ihm eilte er zu seiner Verteidigung und schlug das Ohr des Angreifers ab. „Herr, solltest du mir meine Füße waschen?“ (Joh. 13, 6) protestierte Petrus im Passaraum. Aber als Jesus ihm die Bedeutung seiner Aussage zeigte, rief er:

„Herr, nicht allein die Füße, sondern auch die Hände und das Haupt.“ Es war Petrus, der nicht nur zum Grab eilte, in das man Jesus gelegt hatte, sondern der schnurstracks hineinrannte. „Herr, gehe von mir hinaus! Ich bin ein sündiger Mensch“ (Luk. 5, 8), rief er, als er Jesus seine göttliche Macht bei dem wunderbaren Fischzug ausüben sah. Aber das war das letzte, das er begehrte. „Herr, wohin sollen wir gehen?“ (Joh. 6, 68) fragte er mit wunderbarer Inkonsequenz. Sogar nach der Auferstehung Jesu kamen seine natürlichen Eigenschaften manchmal wieder zum Vorschein. Nachdem durch ihn die Türen des Reiches Gottes für die Heiden geöffnet worden waren, verbarg er sich, entzog sich ihrer Gemeinschaft und weigerte sich sogar, mit ihnen zu essen, was ihm einen scharfen Tadel von Paulus einbrachte (Gal. 2, 11). Es war jedoch bemerkenswert, die Übereiltheit seines Redens bei der Jerusalemer Konferenz gezügelt und diszipliniert zu sehen. Erst nachdem die anderen gesprochen hatten, wagte er es, seine Meinung zu sagen (Apg. 15, 6. 7).

Petrus war ein typischer Mensch der Extreme, der das Unmögliche versuchte und es oft auch zustande brachte. Die Kirche würde an Kraftlosigkeit sterben, gäbe es in ihren Reihen keine radikalen Persönlichkeiten, um sie aus ihrer Selbstzufriedenheit aufzurütteln und sie aus den alten Geleisen zu holen. Aber der Extremist muß ein Gegengewicht haben, und Gott gab dies dem Petrus in seinem Bruder Andreas, einem typischen Konservativen, der nicht so leicht von einer Gefühlswelle umgeworfen werden konnte.

Schnelle Entscheidungen waren eines der Wesensmerkmale des Petrus, auch wenn sich die Entscheidungen oft als falsch erwiesen. Er war ein Mann, der dazu neigte, erst zu handeln und dann nachzudenken. „Er wartete nicht, um zu sehen, wohin die Katze sprang“, kommentierte Dr. J. Stuart Holden, „– ein Satz, der ausspricht, was man normalerweise oder sinnvollerweise tut. Petrus war ein Mensch, der die Katze ständig da entlanglaufen ließ, wo er es wollte.“

Vorsicht war seiner Natur fremd. Er besaß einen unbekümmerten und kaum abwägenden Mut. Er war es, der seinen Meister im Garten verteidigte. Er war es, der sich auf direktem Wege kühn in den Hof des hohepriesterlichen Palastes wagte, nachdem sein Herr gefangengenommen worden war. Petrus war von Natur aus kein Feigling. Aber seine so stark ausgeprägten Tugenden wurden auch seine Fehler. Sein Mut neigte dazu, in Tollkühnheit zu entarten und seine Hingabe in Selbstüberschätzung.

Mit allgemeiner Zustimmung wurde der immer bereite Petrus zum Führer und Sprecher der Jünger. Es war Petrus, der antwortete, als Jesus zu einem Zeitpunkt, da die Menschen sich von ihm abwandten, die Jünger herausfordernd fragte: „Wollt ihr auch weggehen?“ (Joh. 6, 66-69). Welchen Trost gaben seine Worte Jesus in einem solchen Augenblick: „Wir haben geglaubt und erkannt, daß du bist der Heilige Gottes.“ Petrus war es, der die Antwort gab auf Jesu Frage: „Wer saget denn ihr, daß ich sei?“ (Matth. 16, 15). Er war es, der Jesus von seinem angekündigten Weg des Leidens abzuhalten suchte. Er war der Sprecher der einhundertzwanzig am Pfingsttag; er war der natürliche Führer der Apostel. Selbst in dem privilegierten inneren Kreis derjenigen, die Christus am meisten ins Vertrauen zog, war er die führende Gestalt, und er war es, der auf dem Berg der Verklärung jenen absurden Vorschlag machte (Matth. 17, 4).

Aber bei allen verborgenen und offenkundigen Führungsqualitäten war Petrus launisch und unbeständig. Durch sein Zurüstungsprogramm für Petrus wollte Jesus vor allem diesen fatalen Fehler korrigieren.

## Die Zurüstung

Die ersten Worte Christi an Petrus offenbarten ein wichtiges Element seiner einzigartigen Methode, ein Instrument zu formen. „Du bist Simon ... du sollst Kephas heißen“ (Joh. 1, 42). Zwei Worte wurden in dieser Aussage verwendet – petros, ein von einem Felsen abgeschlagenes Stück Stein, und petra, der Felsen selber. Jesus begann damit, Hoffnung und Erwartungshaltung im Herzen eines Menschen zu erwecken, der sich oft verzweifelt fragen mußte, ob er jemals zu emotionaler Reife und Stabilität gelangen würde.

Petrus hat sich sicherlich nicht hingesetzt und seinen Gefühlszustand analysiert, aber er muß oft verzweifelt gewesen sein über die Verwicklungen, die durch seine impulsiven Worte und Handlungen entstanden waren. Jesus erkannte und beobachtete die persönliche Eigenart seiner Jünger und unterwies jeden einzelnen entsprechend seinen Bedürfnissen.

„Du bist ... du sollst sein.“ Der Kieselstein sollte ein Granitfelsen werden – nicht automatisch und zwangsläufig, sondern nur durch die harte Schule der Zucht und des Leidens. Zogen seine Kameraden die Augenbrauen hoch, als Jesus Petrus „den Felsen" nannte? Behielten sie eine geheime Reserviertheit gegenüber der Menschenkenntnis ihres neuen Lehrers? Auf jeden Fall bemühte sich Petrus fortan, entsprechend den Erwartungen des Meisters und der darin enthaltenen Verheißung zu leben – aber er versuchte das ganz allein in eigener Kraft. Es ist bemerkenswert, daß Jesus in diesem Satz sowohl die Versuchung wie den Fall, die Reue wie die Wiedereinsetzung und sogar den zukünftigen Dienst des Petrus voraussagte.

Soll aus einem unbeständigen Charakter ein beständiger werden, so ist es erforderlich, daß er durch eine große Leidenschaft stabilisiert oder durch eine stärkere Persönlichkeit beherrscht wird. Jesus schuf sorgfältig die Umstände, unter denen dieses Ziel erreicht werden konnte. Nachdem Jesus das Boot des Petrus beschlagnahmt hatte, begann er, die versammelte Menge zu unterweisen. Die Arbeitsgefährten waren gerade von einer ergebnislosen nächtlichen Plackerei zurückgekehrt und wuschen ihre Netze, bevor sie nach Hause wollten. Aber als Jesus aufgehört hatte zu predigen, wandte er sich an Petrus mit dem unverständlichen Befehl: „Fahre auf die Höhe und werfet eure Netze aus" (Luk. 5, 4).

Simon war bereit, seinem neuen Herrn gehorsam zu sein, aber was wußte dieser vom Fischen? War das nicht zuviel verlangt von seiner Ergebenheit? Jedermann wußte, daß der Morgen keine Zeit für den Fischfang war. Wenn Petrus Jesus gehorchte, würde er zur Zielscheibe des Spottes. Petrus befand sich in einer äußerst schwierigen Situation. Würde er die Prüfung bestehen? Man kann in seiner zögernden Antwort die Heftigkeit des in ihm tobenden Kampfes beinahe spüren. „Meister, wir haben die ganze Nacht gearbeitet und nichts gefangen; – aber auf dein Wort will ich das Netz auswerfen" (Luk. 5, 5). Die Krise war erfolgreich überstanden. Er hatte Christus unbestrittene Souveränität eingeräumt. Der wunderbare Fischzug prägte Simons Geist für immer; es war kein gewöhnlicher Mensch, dem er sich übergeben hatte. Nie machte er diese Übergabe wieder rückgängig. Von hier an wurde ihm Jesus der Herr.

Einer der offenkundigsten Fehler im Charakter des Petrus und einer, dem Jesus beträchtliche Aufmerksamkeit widmete, war sein übereiltes Reden. Dies war vielleicht sein entscheidendes Versagen. Er trat beständig dort auf, wo sich sogar Engel nicht zu gehen trauten. Wenn er jemals eine Säule der Kirche werden sollte, einer, der seine Brüder stärken konnte, dann mußte dieser Neigung Einhalt geboten werden. Petrus mußte lernen, dieses ungezügelte Glied, die Zunge, zu beherrschen.

Petrus wurde öfter von Jesus zurechtgewiesen als irgendein anderer Jünger. Gewissenhaftigkeit beim Zurechtweisen ist eines der Kennzeichen eines guten Lehrers, und Jesus ließ da nichts zu wünschen übrig. Der Weigerung des Petrus, sich von Jesus die Füße waschen zu lassen, seinem unsinnigen Vorschlag auf dem Berg der Verklärung, seiner Prahlerei, mutiger als die anderen zu sein, begegnete Jesus entweder mit einem bedeutsamen Schweigen oder mit einer gezielten Warnung. Den ernstesten Verweis überhaupt erhielt Petrus, als er aus falsch verstandener Liebe und Treue den Herrn zurechtwies und ihn regelrecht drängte, sich dem Kreuz zu entziehen und sich das Leiden und den Tod, die er vorausgesagt hatte, zu ersparen. Kurz zuvor hatte er das großartige Bekenntnis abgelegt, das Jesus das Lob aussprechen ließ: „Selig bist du, Simon, Jonas Sohn; denn Fleisch und Blut haben dir das nicht offenbart“ (Matth. 16, 17). Petrus war gerade das Sprachrohr Gottes gewesen. Jetzt kommt der niederschmetternde Verweis: „Hebe dich, Satan, von mir! Du bist mir ein Ärgernis, denn du meinst nicht, was göttlich, sondern was menschlich ist“ (Matth. 16, 23). Jetzt war Petrus das Sprachrohr Satans. Es ist ein ernüchternder Gedanke, daß die eine Zunge im einen Augenblick vom Satan und im nächsten Augenblick von Gott beherrscht werden kann. „Selig bist du.“ „Hebe dich von mir.“ Die feurige Kohle brannte und schmerzte auf seinen Lippen, aber er lernte die ganze Lektion nicht auf einmal. Ein eingefleischtes Verhaltensmuster ändert sich nicht immer über Nacht.

## Besondere Lektionen

Die verbalen Entgleisungen des Petrus boten dem Meister die Gelegenheit, ihm unschätzbare Lektionen zu erteilen. Sie waren häufig das Ergebnis leidenschaftlicher Hingabe, aber auch eines verheerenden Mangels an Selbsterkenntnis. Petrus war immer schnell dabei mit einer Frage oder einer Antwort. Nicht nur auf dem Berg der Verklärung „wußte er nicht, was er sprach“ (Luk. 9, 33) – aber er mußte einfach etwas sagen.

Er war es, der ein dreifaches Bekenntnis über die Gottheit Christi ablegte: „Wir haben geglaubt und erkannt, daß du bist der Heilige Gottes“ (Joh. 6, 69); „Du bist Christus, des lebendigen Gottes Sohn“ (Matth. 16, 16); und das vorbehaltslose Bekenntnis, als er mit der Ausübung von Jesu göttlicher Macht konfrontiert wurde: „Herr, gehe von mir hinaus! Ich bin ein sündiger Mensch“ (Luk. 5, 8). Wie immer lobte und schätzte Jesus die Bekenntnisse sehr, die ein erfrischender Trunk auf dem Weg zum Kreuz gewesen sein müssen.

Weil die edlen Züge im Charakter des Petrus und sein hitziges Temperament ihn zu einer besonderen Zielscheibe des Teufels machten, begegnete Jesus seinem dreifachen Prahlen mit einer dreifachen Warnung. „Wenn sie auch alle Ärgernis an dir nähmen, so will ich's doch nimmermehr tun“, prahlte Petrus. „Und wenn ich mit dir sterben müßte, so will ich dich nicht verleugnen“ (Matth. 26, 33. 35). „Herr, ich bin bereit, mit dir ins Gefängnis und in den Tod zu gehen“ (Luk. 22, 33). Und er meinte jedes Wort ernst. Er war nicht einfach ein Aufschneider, aber er mußte gerade an diesem Punkt lernen, wieviel schwächer das Fleisch ist als der willige Geist. Freundlich, aber mit großer Gewissenhaftigkeit lehrte der Herr ihn die passende Lektion, indem er deutliche Warnungen aussprach: „Satan hat euer begehrt, daß er euch möchte sichten wie den Weizen. Ich aber habe für dich gebetet“ (Luk. 22, 31.32). „Hebe dich, Satan, von mir! Denn du meinst nicht, was göttlich, sondern was menschlich ist“ (Matth. 16, 23). „In dieser Nacht, ehe der Hahn kräht, wirst du mich dreimal verleugnen“ (Matth. 26, 34).

Aber selbst diese roten Lichter schafften es nicht, Petrus aufzuhalten oder ihn zu bewahren vor der dreifachen Verleugnung, die die zwangsläufige Folge seiner überheblichen Prahlerei war: „Ich weiß nicht, was du sagst“ (Matth. 26, 70). „Er leugnete abermals“ (Matth. 26, 72). „Ich kenne den Menschen nicht“ (Matth. 26, 74). Wieder einmal hatte seine ungestüme Zunge das Zaumzeug ihres neuen Herrn abgestreift. Er, der wenige Minuten zuvor eigenhändig den Pöbel angegriffen hatte, kapitulierte vor dem Spott einer Frau. Und wie leicht führt eine Verleugnung zu der nächsten. Er hatte sich seiner Treue gerühmt, die er wirklich besaß, aber wie Quebec sind viele Festungen von ihrer uneinnehmbaren Seite her bestürmt und erobert worden.

**Versagen und Wiedereinsetzung**

Geschah es auf die Bitte des Petrus hin, daß Markus, der immer für seinen Geschichtsschreiber gehalten wird, in so niederschmetternden Einzelheiten solch einen umfangreichen Bericht über den Treuebruch des Petrus verfaßte? Von wem sonst hätte Markus all die Einzelheiten erfahren können? Alle anderen Jünger waren davongelaufen. Zu seiner Ehre muß daran erinnert werden, daß Petrus allein das Schwert zog, um seinen Meister zu verteidigen. Die Vernunft hätte ihn vom Palast des Hohenpriesters ferngehalten, aber seine Liebe zog ihn unwiderstehlich in die Gefahr.

Auch geschah die Verleugnung des Petrus nicht kaltblütig als das Ergebnis eines absichtlichen und ruhig überlegten Planes, wie es der Fall war bei dem Verrat des Judas. Sie war einer vorübergehenden Panik zuzuschreiben, und schon bald setzte sich der wahre Charakter des Apostels durch. Petrus lernte die unerläßliche Lektion von der menschlichen Fehlbarkeit und Schwäche auf bittere Art und Weise. In seiner göttlichen Einsicht kannte Jesus die Tiefe und Echtheit der Liebe des Petrus, und er fuhr fort, die unbeständigen Elemente seines Charakters zu festigen, bis er der Felsen wurde.

Wenn man das Versagen des Petrus untersucht, kommen vier Punkte ans Licht, die dabei auch eine Rolle spielen. Petrus ging davon aus, daß die Möglichkeit des Versagens für ihn nicht gegeben war. Die Gemeinschaft mit seinem Herrn war zerbrochen; denn das Fleisch hatte die Oberhand gewonnen. Seine Verbindung mit Christus wurde nur aus der Entfernung aufrecht erhalten (Matth. 26, 58). Er befand sich in zweifelhafter Gesellschaft. Jede der oben erwähnten Lektionen ist wichtig für den im zwanzigsten Jahrhundert lebenden Jünger.

Es ist kein Zufall, daß auf des Petrus dreifaches Aufschneiden und auf sein dreifaches Leugnen die dreifache Frage und Bevollmächtigung von seiten seines Lehrmeisters folgte. Petrus war immer tiefer gefallen. Er war Jesus von fern gefolgt. Er wärmte sich am Feuer seiner Feinde. Er setzte sich zu ihnen. Er verleugnete nicht nur seinen Herrn, sondern auch jegliche Verbindung zu seinen Mitjüngern. Er fluchte und schwor. Er ging hinaus in die Nacht.

Bei der Wiedereinsetzung des Petrus wird uns eine tröstliche Einsicht gewährt in den Umgang des Meisters mit denen, die versagt haben und gefallen sind. Es begann mit dem Schrei eines Hahnes. Er erinnerte an die Weissagung, die kurz zuvor ausgesprochen worden war. Danach folgte ein Blick, ein Blick der vergebenden Liebe.

Ich sah ihn an einem Kreuz hängen,
blutig und voller Schmerzen.
Er heftete sein mattes Auge auf mich,
als ich nahe bei seinem Kreuze stand.
Bis mein Auge bricht, werde ich niemals
jenen Blick vergessen können;
mit ihm schien Jesus mich wegen seines Todes anzuklagen,
obwohl er kein Wort sprach.

So beschrieb John Newton, ein gläubig gewordener Sklavenhändler, seine Erfahrung, und so hätte es auch Petrus schreiben können: „Und der Herr wandte sich und sah Petrus an" (Luk. 22, 61), und jener klare Blick brach ihm das Herz, setzte eine Flut von Tränen frei. Nicht Reue oder Scham, nicht die Erinnerung an die vergeblichen Warnungen, sondern der Blick voll unbeschreiblicher Liebe und Erbarmen rettete Petrus vor der Verzweiflung und bewirkte eine dauerhafte Reue.

„Er ging hinaus und weinte bitterlich" (Matth. 26, 75). Die bittersten Tränen sind diejenigen, die über die Sünde vergossen werden. Aber keine Tränenflut konnte die verleugnenden Worte des Petrus wegwaschen. Seine Reue war aufrichtig und tief, aber Tränen allein sind kein angemessenes Mittel zur Reinigung von Sünden. Petrus mußte eine Erfahrung machen, die so radikal war, daß sie ihn ein für allemal von der ans Licht gekommenen Schwäche seines Wesens befreite.

Jesu Methode, das Herz seines Jüngers zu erproben und Selbsterkenntnis zu bewirken, ist aufschlußreich. Er stellte eine dreifache Frage und lockte eine dreifache Antwort hervor. Jesus sorgte dafür, daß das entscheidende Gespräch wie das Versagen an einem Feuer stattfand, an einem Feuer, das er selber entzündet hatte (Joh. 21, 9). Petrus hatte jedes Recht auf das Apostelamt verscherzt, und Jesus konnte seine ernste Sünde nicht übergehen, damit sie ihm, dem Petrus, und den anderen Jüngern nicht unbedeutend erschien. Mit offenkundigem Versagen muß man sich öffentlich beschäftigen. Die Jünger mußten lernen, daß die unveränderliche Grundlage ihrer Beziehung in einer unerschütterlichen persönlichen Hingabe an Jesus bestand.

Jesus sprach Petrus nicht als Kephas, sondern als Simon an, mit dem Namen also, mit dem er gerufen wurde, bevor seine Zeit als Jünger begann. Petrus hatte seinen Platz als Apostel verloren und mußte ihn zurückgewinnen. Jesus stellte Petrus die eindringlichste Frage, die jemand einem anderen stellen kann: „Simon, hast du mich lieb?“ Jesus wiederholte diese Frage dreimal, um ihre fundamentale Bedeutung zu unterstreichen. Der Herr und Meister kannte den Wert der Wiederholung. Diese Worte erforschten des Petrus Gewissen bis in die Tiefe und erinnerten an sein stolzes Rühmen und an seine feige Verleugnung. Auf das inhaltsvolle Wort des Herrn *agape,* Liebe, antwortete der Bußfertige mit *phileo,* dem Wort für Liebe im Sinne von Zuneigung und Freundschaft. Jetzt gab es kein Prahlen, keine Überhebung über seine Brüder. Bei der dritten Frage gebrauchte Jesus das Wort *phileo,* nicht *agape,* und „Petrus ward traurig“, nicht nur, weil Jesus die Frage dreimal stellte, sondern auch über den darin enthaltenen Zweifel an seiner Liebe zu ihm sogar auf der niedrigsten Ebene. In seinem Kummer berief sich Petrus nicht nur auf Jesu Sympathie, sondern auf seine göttliche Allwissenheit: „Du weißt alle Dinge, du weißt, daß ich dich lieb habe“ (Joh. 21, 17).

„Petrus zeigte große Geschicklichkeit, indem er das Schweigen Jesu dazu gebrauchte, seine Aussage zu untermauern“, schrieb Dr. F. B. Meyer. „Jedenfalls brachte er Christus in eine solche Lage, daß er sein Schweigen hätte brechen müssen, wenn es nicht so gewesen wäre. Er hätte nicht still bleiben können, wenn er irgendeinen Zweifel gehegt hätte an der leidenschaftlichen Liebe des Petrus zu ihm sowie an der Hingabe an seinen Dienst. Petrus setzte alles auf eine Karte, nämlich auf Jesu Wissen um seine tiefsten Gedanken und verborgensten Absichten, und er forderte ihn heraus, sein dreifaches Bekenntnis der Liebe zu widerlegen, wenn es nicht wahr sein sollte.“ Liebe kann nicht erzwungen oder verlangt werden, sie muß freiwillig gegeben werden. Petrus hatte seine Liebe freiwillig gegeben, und alles andere würde folgen. Man konnte ihm jetzt als „Unterhirten“ vertrauen.

Das dreifache Bekenntnis hatte eine dreifache Bevollmächtigung zur Folge. Jesus brachte Petrus jetzt auf dem Gebiet seiner Niederlage Vertrauen entgegen. Die Liebe des Apostels mußte ihren Ausdruck in Taten und Worten finden: „Weide meine Lämmer“ – die Jungtiere der Herde, die so schnell abirren. „Weide meine Schafe“ – sorge für ihren geistlichen Zustand. „Weide meine Schafe“ – gib ihnen Speise, Milch oder Fleisch, was sie benötigen – und speise sie geistlich. Die Reue des Petrus wurde gereinigt durch Jesu Vergebung und den erneuten Auftrag.

Man sollte festhalten, daß unser Herr von Petrus kein Versprechen verlangte für ein besseres Verhalten in der Zukunft, sondern daß er nur das Grundbekenntnis „Ich liebe dich“ von ihm forderte. Und diese Liebe schwankte niemals wieder, nicht einmal, als Petrus wie sein Herr am Kreuz starb. Der Beweis seiner Liebe zu Jesus wurde erbracht durch das liebevolle Hüten seiner Schafe.

## Der Vorrang des Petrus in der Urkirche

Ein tragisches Versagen, das tief bereut wird, macht einen Menschen nicht unfähig für den Dienst Christi. Der Leugner kann bald zum kühnen und furchtlosen Zeugen werden, so erstaunlich ist die wiederherstellende Gnade Christi. Das Werkzeug ist jetzt zubereitet und ruht in der Hand des Meisters.

Wer wäre auf den Gedanken gekommen, daß sich Petrus nach seinem abgrundtiefen Fall zum maßgebenden Anführer am Pfingsttag entwickeln würde? Nur der Herr sah in dem fluchenden Fischer den auserwählten Prediger der entscheidendsten Predigt, die je in der Geschichte der Kirche gehalten wurde (Apg. 2). Es war Petrus, der das erste apostolische Wunder wirkte (Apg. 3, 1-8) und der vor dem Sanhedrin das Wort führte (Apg. 5, 27-41). Er besaß auch die geistliche Einsicht, die unwürdigen Motive des Zauberers Simon aufzudekken (Apg. 8, 20-24).

Petrus besaß das Vorrecht und die Verantwortung für den Gebrauch der Schlüssel, die ihm von dem auferstandenen Christus anvertraut worden waren, um das Reich Gottes sowohl den Juden wie den Heiden zu öffnen, ein Vorrecht, von dem er nur zögernd Gebrauch machte (Apg. 10, 14). Hatte Jesus nicht versprochen: „Ich will dir des Himmelreichs Schlüssel geben“ (Matth. 16, 19)? An Pfingsten gebrauchte er diese Schlüssel, um den Juden in Jerusalem die Tür aufzuschließen. In Joppe wurden sie noch einmal gebraucht im Haus des Heiden Cornelius (Apg. 10, 44).

> Doch er, der um die sechste Stunde
> das Dach des Hauses aufsuchte, um zu beten,
> erhielt dort eine Vision, die seinen Verstand überstieg:
> Es brach nun auch für die Heiden der Tag an.
> Wenn Gefahren drohen,
> dann halte die Zeit des Gebetes nicht für vergeudet,
> und auch nicht die geringste Gelegenheit, nicht den Ort,
> nicht die Stunde;
> es sei denn, die himmlische Ausrichtung fehle.
>
> Newman

Das Fundament der Kirche Christi liegt in Jesu Kreuz, in seiner Auferstehung und in seiner Himmelfahrt. Auf dieser Grundlage hatte der jetzt geisterfüllte Petrus das Vorrecht, bei der Errichtung des Überbaus zu helfen. Ist es nicht wichtig für uns, daß dieselben Worte der Bevollmächtigung, die Jesus zu Petrus sprach (Matth. 16, 19), zu jedem einzelnen Gläubigen gesagt werden (Matth. 18, 18)? Petrus war der erste, der die Schlüssel gebrauchte, aber nicht der einzige.

Nachdem sich durch Petrus die Tür für die Heiden zuverlässig geöffnet hatte, trat er in den Hintergrund und überließ Paulus den wichtigsten Platz. Der letzte wichtige Hinweis auf Petrus in der Apostelgeschichte wird bei dem Jerusalemer Konzil gegeben, wo er auch auf seinen Gebrauch der Schlüssel verweist (Apg. 15, 7-9) und für die Freiheit des Christen eintritt.

Die letzten Jahre seines Lebens verbrachte Petrus in einem ausgedehnten evangelistischen Dienst, und durch seine aufrüttelnde Predigt gab es eine weitverbreitete Abkehr von den Götzen hin zu Gott.

Man weiß nicht genau, wo Petrus starb. Sein erster Brief stammt aus Babylon, wo er sich wahrscheinlich gegen Ende seines Lebens aufhielt. Viele meinen, daß Petrus Babylon als fiktiven Namen für Rom gebrauchte. Aber für die römisch-katholische Tradition, daß er zwanzig Jahre lang Bischof von Rom war, gibt es nicht das geringste zuverlässige Zeugnis. Lactantius, einer der ersten Kirchenväter, schrieb: „Der abscheuliche und gefährliche Tyrann Nero beschloß, die Kirche

Gottes zu vernichten und die Rechtschaffenheit abzuschaffen; er wurde zum Verfolger der Diener Gottes, kreuzigte Petrus und ermordete Paulus durch das Schwert" – eine Aussage, die mit der Weissagung Jesu (Joh. 21, 18) übereinstimmt. Als Petrus den Märtyrertod starb, soll er die Henker gebeten haben: „Kreuzigt mich mit dem Kopf nach unten. Mein Herr wurde für mich gekreuzigt mit dem Kopf nach oben. Ich bin es nicht wert, so zu sterben wie er."

# Paulus
# Der Welt bedeutendster Christ

*Ich bitte auch, aber meine Seele schreckt ungeduldig und ängstlich vor diesem Gebet zurück:*
*Zeige mir das Ausmaß und die Schmach meines Verrates;*
*zeige mir, lieber Herr, deine Wunden, die ich dir zugefügt.*
*Ja, du vergibst, aber kannst mit allem Vergeben*
*meine Unschuld nicht wieder erneuern:*
*Mache du, o Christe, aus meinem Leben ein Sterben,*
*reinige mich von der Sünde, aber niemals von dem Schmerz.*
*Oh, könnte ich es sagen, ihr würdet es gewiß glauben!*
*Oh, könnte ich nur sagen, was ich gesehen!*
*Wie sollte ich erzählen, oder wie könnt ihr es annehmen,*
*wie, bis er euch dorthin führt, wo ich gewesen?*
*Darum, o Herr, so will ich nicht nachlassen noch schwanken,*
*sondern ich bitte darum, ja ich wünsche:*
*Lege du auf meine Lippen die glühenden Kohlen*
*von deinem Altar,*
*Versiegle sie mit dem stechenden Schmerz und versieh sie mit Feuer.*
*Schnell in einem Augenblick, ewig unendlich.*
*Sende du eine Erweckung, die besser ist, als ich erbitten kann,*
*Gib Gnade zu meinem schwachen Bemühen,*
*Gib mir Seelen zum Lohn, und gib mir heute Pfingsten.*

F. W. H. Meyers

Von welchem Standpunkt aus man sie auch betrachtet, die Gestalt des Apostel Paulus wird immer imposanter, je kritischer sie analysiert wird. Als ein von Gott auserwähltes Gefäß (Apg. 9, 15) ist das Leben des Paulus mit unendlicher Geschicklichkeit und Weisheit gestaltet worden. Er schien alles zu haben. Eine heutige Parallele könnte man sich vorstellen in einem Mann, der in Peking Konfuzius und Mencius auf Chinesisch zitiert; der eine sorgfältig begründete Theologie auf Englisch schreiben und sie in Oxford darlegen kann und der seine Sache vor der sowjetischen Akademie der Wissenschaften auf Russisch verteidigen kann. Genau solch ein Mann war Paulus in seiner Zeit.

Dr. A. W. Tozer beschrieb ihn als „den erfolgreichsten Christen der Welt“, und seine Karriere nannte er „die erstaunlichste der Weltgeschichte“. Weiter sagte er: „Denken Sie an die Anstrengungen dieses Mannes. Ich denke an das, was er auf einem Gebiet tat, und frage mich, wie er auf einem anderen Gebiet auch noch etwas Großartiges zustande bringen konnte ... Andere spezialisieren sich auf einem Gebiet, aber Paulus schien so befähigt zu sein, daß er sich mit allen Gebieten befassen konnte. Alles, was er tat, tat er ausgezeichnet, und er tat es, bis sie ihn in einem römischen Gefängnis enthaupteten.“

Diese Methode war Gottes würdig: den eifrigsten und einflußreichsten Feind der Kirche und ihren unerbittlichsten Verfolger auszuwählen und ihn umzugestalten in den größten Apostel, den tiefsinnigsten Theologen, den überzeugendsten Apologeten und den unermüdlichsten Missionar der Kirche, die er einst zu vernichten getrachtet hatte.

## Hintergrund

Seine Eltern, die aus dem Stamm Benjamin kamen, nannten ihren Sohn nach ihrem berühmten Stammesvorfahren König Saul. Da sein Vater römischer Bürger war, fügten sie den Namen Paulus hinzu. Als guter Pharisäer erfüllte der Vater des Paulus alle zeremoniellen Forderungen des Gesetzes mit übertriebener Genauigkeit und erzog ihn gewissenhaft nach der höheren Tradition der Pharisäer (Phil. 3, 4-8). Die Familie war offensichtlich wohlhabend, da sie aufgrund ihres Vermögens in Tarsus ihr Bürgerrecht haben konnte. Neben dem fast überall gesprochenen Griechisch sprachen sie das Aramäisch Palästinas. Wie alle anderen Jungen aus gutem Haus erlernte Paulus ein Handwerk – die Herstellung von Zelten aus Ziegenhaar. Sein durch Geburt erworbenes Bürgerrecht ließ Paulus zu der Aristokratie von Tarsus gehören.

Etwa im Alter von fünfzehn Jahren ging Paulus nach Jerusalem, wo er häufig den Tempel und den dortigen Gottesdienst besuchte. Er hatte bereits die gelehrte Atmosphäre seiner Heimatstadt Tarsus, einer führenden Universitätsstadt, in sich aufgenommen und war daher gut vorbereitet auf die Ausbildung durch einen der sieben hervorragenden Rechtsgelehrten Israels, Gamaliel (Apg. 22, 3). Dieser große Rabbi wurde von seinen Zeitgenossen „die Schönheit des Gesetzes" genannt; er war ein Mann mit edlem Charakter und großem Wissen. Zu seinen Füßen „wurde Paulus unterwiesen mit allem Fleiß im väterlichen Gesetz, und er war ein Eiferer für Gott" (Apg. 22, 3).

Welche Stellung Paulus in Jerusalem bekleidete, wird deutlich durch die Tatsache, daß er Zugang hatte zum Hohenpriester und dessen Vertrauen besaß (Apg. 22, 5). Er scheint ein Mitglied des Sanhedrin gewesen zu sein, und er gibt an, daß er für die Verurteilung der Märtyrer gestimmt habe. Durch seinen Scharfsinn war er seinen Mitstudenten weit überlegen. Er bezeugte: „Ich ging im Judentum weiter als viele Altersgenossen in meinem Volk und eiferte über die Maßen für die väterlichen Satzungen" (Gal. 1, 14. ZÜ).

In gelegentlichen autobiographischen Hinweisen in seinen Briefen schildert sich Paulus vor seiner Bekehrung als einen Weltmenschen: Er war selbstsicher und voller Vertrauen im Blick auf das Jenseits, er lebte anständig und hielt das Gesetz, er war ein ehrbarer Mensch und stand nicht unter dem Mißfallen Gottes. Er war niemals ein Verschwender gewesen und konnte sich am Maßstab von Gottes Gesetz messen, ohne das Gefühl haben zu müssen, daß er sich etwas vorzuwerfen oder bei der Erfüllung seiner Pflicht versagt hätte. Seine Hingabe an Gott fand ihren Ausdruck in einem übermäßigen Eifer bei der Verfolgung der Christen und in dem Streben, den Namen Jesu Christi aus den Blättern der Geschichte auszustreichen. Paulus gehörte also zu der Gruppe von Menschen, die am schwierigsten zu bekehren ist, denn er war in hohem Maße von seiner eigenen Rechtschaffenheit und von der Gültigkeit seiner eigenen Glaubensvorstellungen überzeugt.

Paulus war eine vielschichtige Persönlichkeit, die durch ungewöhnliche Ausschließlichkeit in ihrer Zielsetzung zusammengehalten wurde. Jeder der anderen Apostel zeigte eine besondere Begabung für irgend etwas. Aber alle diese Merkmale kamen in Paulus zusammen. Er war wahrscheinlich der vielseitigste Mann, den die Kirche je gesehen hat. Petrus war ein Mann der Extreme und Andreas ein Konservativer. Paulus war beides – wagemutig wie Petrus und umsichtig wie Andreas. Er war konservativ in seinen Prinzipien, aber radikal in seinen Methoden. Wenn ein Prinzip auf dem Spiel stand, wich er nicht einen Augenblick von der Stelle (Gal. 2, 5). Aber wenn es um die Methode ging, war er bereit, allen alles zu sein (1. Kor. 9, 22).

**Bekehrung**

Gott sah die Bekehrung des Paulus offensichtlich als ein so entscheidendes Ereignis in der Geschichte der Kirche an, daß er drei ausführliche und sich ergänzende Berichte über dieses Ereignis durch die Inspiration des Heiligen Geistes niederschreiben ließ. Eine der ausführlichsten Untersuchungen dieses Ereignisses wurde vorgenommen von Lord Lyttelton, einem Parlamentarier, dessen Namen bei jeder politischen Debatte auftauchte und der Finanzminister im britischen Kabinett war. Er war sowohl Gelehrter wie Politiker.

Er berichtet, daß er und sein Freund Gilbert West, ein Rechtsanwalt, „absolut davon überzeugt waren, daß die Bibel ein ausgemachter Schwindel sei“, und sie beschlossen, den Betrug aufzudecken. Lyttelton wählte die Bekehrung des Paulus und West die Auferstehung Christi als Gegenstand ihrer feindlichen Kritik. Beide gingen voller Vorurteile an ihre unterschiedlichen Aufgaben heran. Aber das Ergebnis ihrer Studien, die sich über einen sehr langen Zeitraum erstreckten, war, daß sie sich gerade aufgrund ihrer Bemühungen, die Wahrheit des Christentums niederzureißen, beide zum Glauben an Christus bekehrten.

F. J. Meldau erzählt, daß sie zusammenkamen, nicht, wie sie erwartet hatten, um über einen aufgedeckten Betrug zu frohlocken, sondern um einander zu gratulieren zu ihrer Entdeckung, daß die Bibel das Wort Gottes sei. In dem Einleitungsabschnitt seiner veröffentlichten Abhandlung schrieb Lyttelton: „Allein die Bekehrung und das Apostelamt des Paulus waren, richtig durchdacht, bereits an sich Dinge, die ausreichten, um zu beweisen, daß es sich beim Christentum um eine göttliche Offenbarung handelt.“ So überzeugend war seine Arbeit, daß Dr. Samuel Johnston behauptete, sie sei eine Abhandlung, „auf die der Unglaube niemals eine plausible Erwiderung geben könne“.

Lyttelton stellte vier Thesen auf, die seiner Meinung nach alle Möglichkeiten des Falles umfaßten:

1) Paulus war entweder ein Betrüger, der etwas behauptete, von dem er wußte, daß es nicht stimmte, oder
2) er war ein Schwärmer, der sich selbst betrog durch die Kraft einer überreizten Phantasie, oder
3) er wurde getäuscht durch den Betrug anderer, oder
4) das, was er als Ursache seiner Bekehrung nannte, war wirklich geschehen, und daher ist die christliche Religion eine göttliche Offenbarung.

Anhand der biblischen Berichte zeigte er dann, daß Paulus kein Betrüger war. Welches Motiv könnte ihn, als er voller Haß gegen diese Sekte nach Damaskus unterwegs war, dazu veranlaßt haben, seine Meinung vollständig zu ändern und ein Jünger Jesu zu werden? Das Motiv fehlte. Es bestand offensichtlich kein Verlangen nach Reichtum oder Anerkennung. Paulus strebte nicht nach Macht, denn sein ganzes Leben war gekennzeichnet davon, daß jeglicher Egoismus fehlte. Es handelte sich bei seinem Motiv auch nicht um die Befriedigung einer anderen Leidenschaft, denn seine Schriften zeugen von sehr strengen ethischen Maßstäben. Christ zu werden bedeutete, Haß, Schmach und Verfolgung auf sich zu ziehen. Hätte er alles preisgegeben und sich über etwas gefreut, das er als Betrug erkannte?

Es hätte sich um einen Betrug gehandelt, der ebenso unvorteilhaft wie gefährlich gewesen wäre. Daher kam Lyttelton zu dem Schluß, daß diese Theorie sich selbst für nichtig erklärte. Es ist bemerkenswert, daß sich Paulus auf die persönliche Kenntnis König Agrippas von der Wahrheit seiner Bekehrungsgeschichte berief (Apg. 26, 26): „Ein sehr bemerkenswerter Beweis, sowohl für die allgemeine Bekanntheit der Tatsache als auch die Rechtschaffenheit des Mannes, der sich furchtlos auf den König berufen konnte, damit dieser seine Aussagen bestätigte, wenngleich er über ihn zu Gericht saß.“ Wenn die Bekehrungsgeschichte erschwindelt war, wie kam es dann, daß Ananias solch einen Feind in Damaskus aufsuchte?

Aufgrund vieler ähnlicher Argumente zog Lyttelton diese Schlußfolgerungen:
1) Paulus war kein Betrüger, der eine erdichtete Geschichte über seine Bekehrung erzählte.
2) Wäre er ein Betrüger gewesen, hätte er keinen Erfolg haben können.

Seiner Bekehrung und seiner völligen Hingabe an Christus

folgte eine Periode der Zurückgezogenheit in Arabien (Gal. 1, 17). „Gott ist sehr darum bemüht, daß seine Kinder eine gute Erziehung erhalten“, schrieb Dr. S. D. Gordon. „Jeder Mann, den er gebraucht hat, erhielt eine Ausbildung an der Universität von Arabien, eine Art von Wüstentraining. Josef, Mose, Elia, Johannes der Täufer, Paulus, Bunyan, Morrison, Judson, sogar der Sohn Gottes während seines Erdenlebens – das sind nur einige berühmte Absolventen dieser Universität. Aber die Gebühren sind hoch, der Kurs ist äußerst schwierig, die Vorschriften sind streng, und viele halten nicht durch, sondern geben auf. Das Ergebnis des Kurses sind ein weites Blickfeld, starke Nerven, scharfe Sehkraft und Einsicht. Dort entsteht völlige Abhängigkeit von Gott, völlige Unabhängigkeit von Menschen, kindliche Einfalt, warme Sympathie und tiefe Demut. Aber der höchste Grad, den man dort erwerben kann, ist die Geduld, der seltenste und gott-ähnlichste Charakterzug von allen, dessen Erlangung am schwersten ist und am längsten dauert. Gott hat keine Schnellkurse in seinem Schulungsprogramm.“

Paulus kehrte nach Damaskus zurück, und drei Jahre nach seiner Begegnung mit Jesus ging er wieder in die Heilige Stadt (Gal. 1, 18), erstens, um mit Petrus zu reden, und zweitens, um zu versuchen, die Rabbis für die neue Bewegung zu gewinnen, eine Hoffnung, die bitter enttäuscht wurde (Apg. 22, 17-20). Was er in den folgenden Jahren tat, ist nicht klar. Offensichtlich predigte er einige Jahre in Syrien und Cilicien (Gal. 1, 21). Diese Jahre der vorbereitenden Evangelisation endeten mit einem Jahr voll reicher Erfahrungen in der Gemeinde von Antiochien, und von dieser Gemeinde als Zentrum begann Paulus sein neues Werk als Apostel der Heiden (Apg. 11, 25-26; 13, 1-4).

## Charakter

Es können nur einige der Charakterzüge genannt werden, die Paulus zu der vielseitigen Persönlichkeit machten.

Aufrichtigkeit. Der alttestamentliche Befehl „Du aber sollst aufrichtig (untadelig) sein vor dem Herrn, deinem Gott“ (5. Mose 18, 13) wurde in Paulus beispielhaft veranschaulicht. Er war sowohl aufrichtig bei der Verfolgung der Christen wie später in seinem Einsatz für das Reich Christi. Daß er tragisch irregeleitet worden war, erkannte er später, aber er war niemals bewußt unaufrichtig. „Ich bin mir keiner Schuld bewußt", sagte er aus, „aber darin bin ich nicht gerechtfertigt" (1. Kor. 4, 4). Aufrichtigkeit ist eine Eigenschaft, die sich selbst offenbart.

Eifer. Paulus war bei allem, was er unternahm, mit ganzem Herzen dabei. Er nahm den Eifer, der sein altes Leben kennzeichnete, mit in sein neues Leben. Nachdem er durch den Heiligen Geist in neue Bahnen gelenkt worden war, gehörte Paulus nun in die Gruppe: „Er macht seine Diener zu Feuerflammen" (Hebr. 1, 7). Es ist bemerkenswert, daß das Wort „verfolgen" in Philipper 3, 6 dasselbe ist wie „jagen nach" in Philipper 3, 14.

Entschlußkraft. Eines der sieben Wesensmerkmale, die ein Führer nach der Auffassung von Feldmarschall Lord Montgomery besitzen muß, ist die Fähigkeit, klar zu entscheiden. Das war zweifellos ein markanter Charakterzug des Apostels Paulus. In dem Augenblick, in dem er von Christus überwunden wurde, stellte er eine Frage, die für ihn ungeheure Konsequenzen haben sollte: „Was willst du, Herr, daß ich tue?" (Apg. 22, 10). Auf die ihm eigene Weise hatte er sich bereits entschlossen, vorbehaltlos gehorsam und treu zu sein. Seiner entschlossenen Natur war Wankelmut fremd. Eine Aufgabe zu sehen hieß, sie zu tun.

Demut. Paulus lebte in der Demut einer großen Reue, und diese Demut wuchs ständig. „Ich bin der geringste unter den Aposteln" (1. Kor. 15, 9). „Ich bin nicht wert, daß ich ein Apostel heiße." „Der allergeringste unter den Heiligen" (Eph. 3, 8). „Ich bin der vornehmste unter den Sündern" (1. Tim. 1, 15). Und doch gibt es, wie Campbell Morgan gesagt hat, keinen sichereren Beweis für Bescheidenheit als das Fehlen falscher Bescheidenheit. Wenn Paulus im Blick auf sein Apostelamt und seinen Dienst herausgefordert wurde, dann zögerte er nicht, sich seiner Privilegien und Erkenntnisse in Christus zu rühmen. „Ich dachte doch, ich sei nicht weniger, als die hohen Apostel sind" (2. Kor. 11, 5). Er bemühte sich nicht um jeden Preis um Folgerichtigkeit.

Mut. Paulus zeigte in bemerkenswertem Maße jenes ideale Gleichgewicht des Geistes, das von den Griechen so sehr geschätzt wurde. Obwohl er die Gefahr nicht suchte oder sich kopfüber hinein stürzte, zögerte er nicht einen Augenblick, wenn die Interessen seines Meisters auf dem Spiel standen.

Da gab es nicht das geringste Zurückschrecken vor dem Risiko, der Gefahr und dem Widerstand. Sein moralischer Mut war ebenso groß wie sein körperlicher. Die Briefe des Paulus zeigen, wie gewissenhaft er die Schwierigkeiten bei Problemen in der Mitarbeiterschaft oder in den Gemeinden in Angriff nahm, indem er sich furchtlos und doch empfindsam mit jeder Problematik beschäftigte. Er hatte nicht die Angewohnheit, die Dinge einfach ihren Lauf nehmen zu lassen, nur damit er sich den Schmerz einer Züchtigung oder eines berechtigten Tadels ersparen konnte. Seinem Mut war Furcht nicht unbekannt (1. Kor. 2, 3; 2. Kor. 7, 7), aber er lernte, wie er über seine Ängste erhaben sein und sie besiegen konnte.

Großmut. Die Umwandlung von Saulus, dem engherzigen Fanatiker, in Paulus, den weitherzigsten und großzügigsten aller Menschen, ist eines der Wunder der Bekehrung. Das Innewohnen Christi vergrößerte nicht nur sein Herz, sondern erweiterte auch seinen Geist und verbreiterte seinen Horizont. In zunehmendem Maße spiegelte er die Größe der Gnade Gottes und den Reichtum seiner Liebe wider. Seine aufrichtige Freude am Erfolg anderer kennzeichnete ihn als einen großen Mann. Und doch verwickelte ihn seine Großzügigkeit und Toleranz nicht in Kompromisse bei lebenswichtigen Fragen, selbst wenn der große Petrus davon betroffen war (Gal. 2, 11).

Unabhängigkeit ist eine Eigenschaft, die in einer unbedeutenden Persönlichkeit verheerende Folgen haben kann, die aber in einem Mann von Format und Disziplin ein großer Gewinn sein kann: „Mir aber ist's ein Geringes, daß ich von euch gerichtet werde oder von einem menschlichen Gericht ... der Herr ist's aber, der mich richtet“ (1. Kor. 4, 3. 4). Und doch war er paradoxerweise sehr daran interessiert, was sie dachten. Er übte sich darin, „daß es redlich zugehe nicht allein vor dem Herrn, sondern auch vor den Menschen“ (2. Kor. 8, 21). „Predige ich denn jetzt Menschen oder Gott zum Gefallen?“ (Gal. 1, 10) fragt er. Aber er sagt auch: „Gleichwie ich auch jedermann in allem zu Gefallen lebe“ (1. Kor. 10, 33). Das sind keine Gegensätze. Er hielt seine Unabhängigkeit von Menschen sorgfältig im Gleichgewicht mit seiner Verantwortlichkeit vor Gott, dem er für sein Verwalteramt Rechenschaft ablegen mußte. Das bewahrte ihn vor der unverantwortlichen Unabhängigkeit und dem Individualismus, die der Ruin vieler christlicher Arbeit heute sind. In seiner Unabhängigkeit achtete Paulus sorgfältig darauf, die Gewissensbedenken anderer zu respektieren (2. Kor. 4, 1.2).

Freundlichkeit. Paulus besaß eine Begabung für selbstlose Freundschaft. Anders als viele andere bedeutende Männer lebte er nicht in großer Einsamkeit. Er besaß in einem einzigartigen Ausmaß die Fähigkeit, die starke Liebe und Treue seiner Freunde auf sich zu ziehen und sie sich zu erhalten. Seine Liebe zu ihnen war keine Pose, sondern ging sehr tief. Seine Freundschaft mit Timotheus ist das Modell einer Freundschaft zwischen einem älteren und einem jüngeren Mann. Seine Freundschaft mit Lukas, dem geliebten Arzt, ist ein gutes Beispiel der Vertrautheit von Männern gleichen Alters und gleicher Gesinnung. Paulus war ein geselliger Mensch und fühlte sich verzweifelt einsam, wenn er von seinen Freunden getrennt war. Zugegeben, es gab einen Bruch mit Barnabas wegen Johannes Markus. Die Meinungsverschiedenheit war nicht unbedeutend, denn das zu ihrer Beschreibung gebrauchte Wort ist das gleiche von dem unser Wort „Paroxysmus“ abgeleitet wird. Aber Paulus behielt Barnabas immer in freundlicher Erinnerung und sprach von ihm mit Anerkennung. Ihre gegenseitige Liebe überstand die Prüfung. Diese Fähigkeit zur Freundschaft war ein Hauptfaktor bei der Fertigkeit des Paulus, sich zu einem hervorragenden Führer der Gemeinden zu entwickeln.

Anerkennung. Seine Briefe atmen warme Anerkennung für erhaltene Freundlichkeiten und gewährte Gefälligkeiten. Paulus versäumte es nie, einen Dankesbrief zu schreiben. Er war großzügig in seinem Lob, überfließend in seiner Sympathie und rücksichtsvoll in seinen Handlungen. Aus dem Ton seiner Briefe zeigt sich, daß diese Eigenschaften im Laufe der Jahre immer mehr zunahmen.

> Ich habe die Herzen gewonnen von Schwestern und von Brüdern,
> von denen einige heute noch leben und andere bereits gestorben sind.
> Siehe, jedes Herz erwartet mich, der ich auch
> ein Freund in der vollkommenen Familie Gottes bin.

Eifer für die Seelen. In seinem großen Gedicht drückte F. W. H. Meyers deutlich die große Verpflichtung für die Seelen der Menschen aus, die das Herz des Paulus erfüllte.

Oft, wenn ich das Wort verkündigen muß,
verflüchtigt sich die Illusion, und die nackte Wahrheit
liegt vor mir;
Wüste oder Menschenmenge, Stadt oder Fluß
lösen sich auf in ein leuchtendes Paradies aus Luft.
Und ich sehe die Menschen darunter nur noch
als gebundene Seelen,
die siegen sollten, und als Sklaven, die Könige sein sollten.
Und sie hören mit leerer Verwunderung, ihrer einzigen Hoffnung, und lassen sich erbärmlich befriedigen von inhaltsloser Schaustellung.
Dann durchschauert mich mit Macht
das unerträgliche Verlangen wie der Ruf einer Trompete:
O, diese zu retten! Für ihre Errettung das Leben zu lassen,
zu sterben für ihr Leben, für sie alle als Opfer
dargebracht zu werden!

Wenn das Predigen an seinen Erfolgen gemessen wird, dann war Paulus der Fürst unter den Predigern. Er war der Beleg seines eigenen Wortes an Timotheus: „Predige das Wort, stehe dazu, es sei zur Zeit oder zur Unzeit; weise zurecht, drohe, ermahne mit aller Geduld und Lehre“ (2. Tim. 4, 2). Seine Predigt war nicht begrenzt auf öffentliche Reden. Er legte keinen Wert auf Beredsamkeit: „Ich kam zu euch, nicht mit hohen Worten und hoher Weisheit“ (1. Kor. 2, 1). Er ließ keinen Wortschwall los; auch war seine Rede nicht selbstsicher: „Auch war ich bei euch in Schwachheit und in Furcht und mit großem Zittern“ (1. Kor. 2, 3). Er setzte sein Vertrauen nicht auf die Spitzfindigkeiten dieser Welt: „Mein Wort und meine Predigt geschah nicht mit überredenden Worten menschlicher Weisheit“ (1. Kor. 2, 4). Paulus war einzig vom Heiligen Geist abhängig, und seine Predigt geschah „in Erweisung des Geistes und der Kraft“.

Die Predigtmethoden des Paulus änderten sich mit den Anlässen. Manchmal waren sie polemisch: „Saulus … trieb die Juden in die Enge … und bewies, daß dieser ist der Christus“ (Apg. 9, 22). Der Apostel befriedigte ihre Vernunft, indem er unbestreitbare Beweise lieferte. Er hatte seinen Weg durchdacht und durchbetet – er war zu klaren Überzeugungen gekommen, und er war bereit, auf jedes Argument zu antworten. Paulus war kein intellektueller Feigling, der Angst hatte, in die Arena zu treten und für seinen Glauben zu kämpfen. Da er völlig davon überzeugt war, daß sein Glaube überaus vernünftig war, erbrachte er den Beweis, daß er es tatsächlich war. In Athen „redete er in der Synagoge alle Tage" (Apg. 17, 17). In Korinth „lehrte er in der Synagoge an allen Sabbaten" (Apg. 18, 4). Aber er machte nicht den Fehler, das Argument zu lieben, nur damit er siegte. Er ging nicht als Sieger aus der Auseinandersetzung hervor, wenn er dadurch seinen Gesprächspartner oder seine Zuhörerschaft verlor. Er riß tatsächlich viele seiner Gegner mit, sogar einige Philosophen aus Athen.

Zugleich war die Predigt des Paulus überzeugend, voller Bitten und Mahnungen. Er präsentierte nicht einfach Tatsachen und Argumente und beließ es dann dabei. „Weil wir denn wissen, daß der Herr zu fürchten ist, suchen wir Menschen zu gewinnen" (2. Kor. 5, 11). „Er lehrte in der Synagoge und überzeugte Juden und Griechen" (Apg. 18, 4). Sein Glaube an das kommende Gericht verlieh seinen Bitten Nachdruck. Für ihn war Gott nicht nur ein Gott von unendlicher Güte, sondern auch ein Gott des Gerichtes, der die Sünde nicht dulden kann und sie aus seinem Universum austilgen muß. Darum gebrauchte Paulus jedes Mittel, um die Menschen dazu zu bringen, ihre Zuflucht zu Christus zu nehmen.

In anderen Fällen war die Predigt des Paulus belehrend, um den besonderen Bedürfnissen seiner Zuhörerschaft zu entsprechen. Paulus war sowohl Lehrer wie Prediger. Zwei Jahre lang unterrichtete er an der Schule des Tyrannus in Ephesus (Apg. 19. 10). Er lebte achtzehn Monate in Korinth und „lehrte unter ihnen das Wort Gottes" (Apg. 18, 11). Da die Menschen weder glauben noch wachsen können, wenn ihr Geist leer bleibt, stellte sich Paulus darauf ein, sie systematisch in den Dingen Gottes zu unterweisen. Er verwendete häufig die pädagogische Methode, Fragen zu stellen, um seine Zuhörer zu fesseln.

Die Vielseitigkeit des Paulus erkennt man an der Verschiedenartigkeit seiner Annäherungsweisen. Es gab nichts Stereotypes. Paulus formulierte seine Botschaft entsprechend seiner Zuhörerschaft. Er konnte gleichermaßen gut mit römischen Statthaltern, griechischen Professoren, asiatischen Beamten oder hebräischen Theologen umgehen. Er paßte sich bereitwillig der jüdischen Zuhörerschaft in den Synagogen an wie den griechischen Philosophen auf dem Areopag, der heidnischen Volksmenge in Lystra oder einer Gerichtsversammlung wie derjenigen, bei der er vor Festus erscheinen mußte.

Den Ton seiner Verkündigung beschreibt man am besten mit seinen eigenen Worten: „Ich habe nicht abgelassen, Tag und Nacht einen jeglichen mit Tränen zu vermahnen" (Apg. 20, 31), eine Gewohnheit, die unter den Predigern heute nicht mehr üblich ist. Wir leiden unter dem, was man wohl als „den Fluch eines Christentums der trockenen Augen" bezeichnet hat.

Es soll auch festgehalten werden, daß es Paulus anvertraut wurde, die Theologie für die gesamte Christenheit zu formulieren. Er nahm die in noch unentwickelter Form verkündigte Wahrheit und baute sie unter göttlicher Leitung aus zu einem theologischen, philosophischen und ethischen Gefüge, das, so ist behauptet worden, „jede Frage hinsichtlich des christlichen Glaubens beantwortet".

## Der Beter

Nirgendwo offenbart ein Mensch die Qualität seines geistlichen Lebens deutlicher als in seinen Gebeten. Wir sollten dankbar sein für die ungekünstelte Selbstoffenbarung des Paulus in den Gebeten, die in seinen Briefen zahlreich vorhanden sind. Es ist überall ersichtlich, daß das Gebet im geistlichen Leben des Paulus nicht ein ergänzendes, sondern ein grundlegendes Element war. Es ist bemerkenswert, daß Paulus an keiner Stelle darüber klagte, kein Gebet in seinem Herzen zu haben, wie das bei vielen von uns der Fall ist. Er brauchte sich nicht selber zu tadeln, weil er seinen Gebetsverpflichtungen nicht nachgekommen war. Er wurde nicht geplagt von einem verurteilenden Herzen, wodurch ihm die Zuversicht beim Gebet geraubt wurde.

Die Gebete des Paulus verliefen nicht nach einem formalen Schema, und doch waren sie alles andere als zusammenhanglos oder oberflächlich. Nirgendwo gab Paulus Gründe an oder argumentierte für die Vernünftigkeit des Gebetes, sondern für ihn war klar, daß ein solches Gebet die Heimatluft des Christen und die selbstverständliche Ausdrucksweise wahren geistlichen Lebens ist. Manchmal ist sein Gebet ruhig und nachdenklich, dann wieder steigt es lodernd zum Himmel empor in verzehrendem Eifer. Die Gebete des Paulus waren voller Danksagung und voller Vertrauen in die Güte und Treue Gottes. Es war wahrscheinlich, mehr sein Beten als sein Predigen das den Typ des Christen, von dem wir in seinen Schriften lesen, hervorbrachte.

Bei Paulus war das Gebet unaufhörlich, und zwar im Sinne eines „ständigen Wiederholens". „Ohne Unterlaß gedenke ich dein in meinem Gebet" (2. Tim. 1, 3). Das war keine übertreibende Sprache. Für ihn war alles ein Grund zum Loben oder Beten (Röm. 1, 9; 1. Kor. 1, 4; Eph. 1, 15-16; Kol. 1,3; 1. Thess. 1, 3). Sein Gebet war auch uneigennützig. Der größte Teil seiner Gebete befaßte sich mit anderen Menschen und ihren Bedürfnissen. Die Fürbitte war der Kern seiner geistlichen Erfahrung. Seine Gebete für die von ihm Bekehrten sowie für die von ihm gegründeten Gemeinden sind Beispiele von immer gültiger Bedeutung. Sie offenbaren, was Paulus für ihr Wachstum und ihre Entwicklung für ausgesprochen wichtig hielt. Die Bitten in seinem Gebet aus Kolosser zwei, Vers eins bis drei sind eine bemerkenswerte Zusammenfassung der größten Bedürfnisse, sowie eben bekehrter Menschen noch junger Gemeinden.

Die Gebete des Paulus waren kraftvoll, keine Träumereien. Er gebrauchte eine äußerst lebendige und aussagekräftige Bildersprache, um ihren Charakter zu zeigen, und das tat er sehr ungekünstelt – er sprach von einem Sich-Abmühen, wie es ein Mann bei seiner täglichen Arbeit tut (Kol. 1, 29), von seinem Sich-Abkämpfen, wie man es bei einem Athleten sieht, der in der Arena kämpft, um den begehrten Preis zu gewinnen (1. Kor. 9, 25), oder wie man es bei einem Soldaten findet, der um sein Leben ringt (1. Tim. 6, 12).

Paulus war sich einer Antwort immer äußerst sicher. Die scheinbare Unmöglichkeit einer Antwort entmutigte ihn keinesfalls. Für einen Mann, der beständig in der Atmosphäre des Übernatürlichen lebte und ständig Umgang mit dem allmächtigen Gott pflegte, war nichts unmöglich, abgesehen von dem, was außerhalb des Bereiches des göttlichen Willens lag. Wenn er betete, erwartete er das übernatürliche Eingreifen Gottes, wenn dies notwendig war. Es gab keine Situationen, in denen das Gebet nicht angemessen war.

Paulus war jedoch kein Wunder an Selbstgenügsamkeit. Er begehrte die Gebete anderer für sich selbst. Er hielt das Gebet für eine kooperative Tat innerhalb der Gemeinde. „Betet für uns", bat er die gerade bekehrten Gläubigen in Thessalonich (1. Thess. 5, 25). „Dazu helft auch ihr durch eure Fürbitte für uns" (2. Kor. 1, 11). Paulus betrachtete ihre Gebete für ihn nicht als einen lediglich höflichen Zusatz, sondern als einen entscheidenden Faktor in seinem Dienst. „Denn ich weiß, daß mir dies zum Heil gereichen wird durch euer Gebet" (Phil. 1, 19). Der Apostel bat dringend um die Gebete anderer für das freudige Auftun seines Mundes (Eph. 6, 19), für offene Türen (Kol. 4, 3) und für Errettung (Gal. 1, 4).

Man kann viel lernen von den Gebeten des Paulus. Inhaltlich sind sie erfüllt von Christus, im Geist sind sie demütig und ehrfurchtsvoll, in ihrer Form zeugen sie von einem sorgfältigen Überlegen, und im Ausdruck sind sie inbrünstig und vertrauensvoll.

Das nächste Kapitel ist Paulus als dem Urbild eines Missionars gewidmet.

# Paulus
# Der Welt größter Missionar

*Sein römisches Bürgerrecht verhinderte es, daß Paulus bei seiner missionarischen Arbeit in zwei Schwierigkeiten verwickelt wurde, denen christliche Missionare heute gegenüberstehen. Es gab damals kein Auslandsproblem in dem Sinne, wie wir sie kennen. Es bestand damals für Paulus überhaupt kein Ausland. Wohin er auch reiste, er befand sich immer unter der Herrschaft seiner Regierung. Er ging nicht nach Italien oder Spanien und arbeitete dann dort als Bürger eines fremden Landes, der der Rechtsprechung eines fremden Landes unterworfen war. Er war in der gesamten römischen Welt zu Hause. Wenn er sich in Philippi oder Jerusalem auf Rom berief, dann berief er sich nicht auf eine ausländische Nation. Seine Arbeit war in der Tat ausschließlich Inlandmission. Sie geschah, um es einmal so zu sagen, völlig unter seiner eigenen Fahne.*

*Zweitens ging Paulus zu Menschen seiner eigenen Kultur. Es trennte ihn keine soziale oder ökonomische Kluft von den Menschen, die er zu erreichen suchte. Neunzehn Jahrhunderte Christentum haben den Westen den Osten weit überragen lassen. Die Kluft zwischen West und Ost ist in jeder Hinsicht recht groß, und die Missionare werden dann auch einer Vielzahl von Unterschieden in Sitten, Lebensweisen, Lebensstandard, Vorstellungen und Traditionen gegenübergestellt. Paulus mußte keine solchen Gegensätze überwinden, wie das heute bei uns oft der Fall ist. Er ging zu seinen Mitbürgern als zu einer großen Gruppe von Menschen, die unter denselben Bedingungen lebten wie er auch.*

*Innerhalb eines großen vereinten Reiches entstanden viele der heutigen Missionsprobleme erst gar nicht: zum Beispiel die der Selbstversorgung, der geistlichen Beziehung der Missionare zu den einheimischen Kirchen, der Verwendung von Missionsgeldern. Der Inlandmissionar arbeitete unter Bedingungen, die von ihren eigenen Schwierigkeiten, jedoch nicht von den oben erwähnten Problemen gekennzeichnet waren.*

R. E. Speer

Es kann von allen wirklich großen Männern gesagt werden,

daß ihre Größe im Verlauf der Jahre immer deutlicher erkennbar wird. Das gilt zweifellos auch für Paulus, dessen Gestalt im Lichte von zwei Jahrtausenden immer überragender geworden ist.

Das Gesicht, das Paulus auf der Straße nach Damaskus von Christus hatte, ist oft als die Grundursache für seinen missionarischen Eifer angesehen worden. Aber es gibt etwas, das sehr stark dagegen spricht. „Bereits vor seiner Bekehrung wollte Paulus nicht nur ein Rabbi, sondern auch ein Missionar sein“, schreibt Professor McGiffert, „wollte er sein Leben der Verkündigung der wahren Gerechtigkeit weihen und alles vernichten, was auf irgendeine Weise dieser Verbreitung im Wege stand und die Menschen daran hinderte, das Gesetz in ihrem persönlichen Leben zu verwirklichen (Apg. 22, 3; Phil. 3, 5-6). Weit davon entfernt, diesen missionarischen Eifer zu ersticken, verstärkte ihn seine Bekehrung nur noch und lenkte ihn in eine andere Richtung.“

Durch Lehre und Beispiel legte Paulus, der erste christliche Missionar, für alle Zeiten die Prinzipien einer erfolgreichen Missionarsarbeit fest. Er kam damit dem göttlichen Muster näher als jeder andere Missionar, den die Welt gesehen hat. In ihm besaß Christus ein Instrument, das einzigartig qualifiziert und den Interessen seines Reiches leidenschaftlich ergeben war. Andere Missionare haben einen Kontinent für das Evangelium geöffnet. Paulus öffnete eine Welt.

## Berufung

Die Berufung des Paulus war so besonders und eindeutig, daß sie nicht mißverstanden werden konnte. Paulus bezeugte dies in Jerusalem: „Und er sprach zu mir: Gehe hin; denn ich will dich ferne unter die Heiden senden“ (Apg. 22, 21). Zu Ananias, der verständlicherweise Angst hatte, den bekannten Verfolger in der christlichen Kirche willkommen zu heißen, „sprach der Herr: Gehe hin; denn dieser ist mir ein auserwähltes Rüstzeug, daß er meinen Namen trage vor Heiden und vor Könige und vor das Volk Israel“ (Apg. 9, 15). Dem fügte Gott einen Zusatz hinzu, der die Zurüstung betraf, der sich Paulus in der Erfüllung seines Lebensdienstes unterziehen mußte: „Ich will ihm zeigen, wieviel er leiden muß um meines Namens willen.“

Obwohl diese Berufung des Paulus nicht zu einem Missionar machte, zeigte sie doch die Richtung an für seinen missionarischen Eifer. Anstatt ein Missionar des Pharisäismus zu sein, wurde Paulus der Missionar Christi. Seine Treue galt jetzt nicht mehr dem Gesetz, sondern dem Evangelium des Christus, der ihn überwunden hatte. Immer mehr erkannte Paulus, daß es sich bei dieser Berufung nicht um einen neuen Plan Gottes für sein Leben handelte, sondern um den Höhepunkt einer göttlichen Vorbereitung, die bereits vor seiner Geburt begonnen hatte. Langsam begann sich der weiterführende Plan Gottes für sein Leben und seinen Dienst zu entfalten (Apg. 13. 46; 18, 6; 22, 18-21; 26, 16-18).

## Zurüstung

Paulus hatte den Vorteil einer einzigartigen religiösen und intellektuellen Zurüstung. Aber bevor er die höchste Brauchbarkeit erlangen konnte, mußte sein feuriger Geist gezähmt werden, ohne daß dabei sein Eifer erstickt wurde. Um dies zu erreichen, war eine Periode der Zurückgezogenheit, der Einsamkeit notwendig. Die Umkehr in seinem Leben war so überraschend und vollständig, daß er Zeit brauchte, um sein Denken neu zu orientieren und seine Theologie zu formulieren.

„So aufregend seine Arbeit auch war, stürzte sich Paulus doch nicht sofort in seine neue Aufgabe. Er zog sich zu langem, ruhigem Nachdenken zurück. Die fieberhafte Aufregung der Verfolgung hatte ihn nicht seiner Besonnenheit beraubt, und geführt von dem weisen und zur Ruhe bringenden Geist Gottes zog er sich zurück und ließ sich innerlich auf seine neue Aufgabe vorbereiten. Als er mit seiner Arbeit begann, hatte er folglich seine Botschaft – keine geliehene, sondern eine echte, die unmittelbar von Gott stammte" (Robert E. Speer).

Die besondere Zurüstung in der Schule des Heiligen Geistes dauerte drei Jahre oder länger und fand statt in Arabien (Gal. 1, 17-18), wo Gott seinen Boten, der die Welt für das Evangelium öffnen sollte, mit unendlicher Geduld lehrte und ausrüstete. Der Missionsanwärter neigt immer zu dem Wunsch, die vorbereitende Zurüstung, die seinem eifrigen Geist lästig erscheint, einfach zu übergehen. Aber es ist die

Treue in dieser vorangehenden Zubereitung, die ihn befähigt zu dem großen Vertrauen, das für eine größere Gelegenheit notwendig ist. Paulus bewährte sich zuerst in seiner Heimatstadt Tarsus als Arbeiter für den Herrn, bevor er in ein größeres Wirkungsgebiet aufbrach (Apg. 11, 25).

## Anliegen

Paulus hatte zweifellos geistliche Anliegen. Er hatte eine Motivation, die ihn unbarmherzig vorwärtstrieb, um das Unmögliche zu erreichen. Dreimal spricht er von diesem neuen Anliegen, das seinem Streben in der Zeit vor seiner Bekehrung so völlig entgegengesetzt war. Damals war es seine Absicht gewesen, den Namen Christi auszutilgen, die Christen und den Einfluß der christlichen Gemeinde zu vernichten. „Schnaubend noch mit Drohungen und Mord" (Apg. 9, 1) trieb es ihn, immer neue Gebiete zu unterwerfen, bis er von der himmlischen Vision aufgehalten wurde.

Der Eifer des Paulus wurde nicht ausgelöscht, sondern fand eine neue Mitte in der Verherrlichung Christi und in der Förderung des Reiches Gottes. Paulus, der sich nicht mit dem status quo zufrieden gab, strebte mit allen Kräften dem neuen Ziel entgegen. Jetzt verlangte er danach, denen, deren Auslöschung er geplant hatte, geistliche Segnungen zu bringen. „Mich verlangt, euch zu sehen, auf daß ich euch mitteile etwas von geistlicher Gabe, euch zu stärken" (Röm. 1, 11), schrieb er an die Christen in Rom.

Im Blick auf seinen Charakter war es sein Anliegen, das Lächeln des Herrn zu gewinnen: „Darum befleißigen wir uns" – wir machen es uns zu einer Ehrensache –, „wir sind daheim oder wallen, daß wir ihm wohlgefallen" (2. Kor. 5, 9). Die Anerkennung Christi war für Paulus die ausreichende Belohnung für jeden Dienst oder jegliches Leiden. Dieses Anliegen trieb ihn an, seinen Dienst getreulich auszuführen.

Was sein Verhalten betraf, strebte Paulus danach, ruhig, arbeitsam und finanziell unabhängig zu sein: „Ringet danach, daß ihr stille seid und das Eure schaffet und arbeitet mit euren Händen ..., auf daß ihr ehrbar wandelt gegen die, die draußen sind, und niemandes bedürfet" (1. Thess. 4, 11. 12). Das, was er anderen vorschrieb, praktizierte Paulus immer auch selber. Er mahnte die Christen von Thessalonich, daß die Erwartung der Wiederkunft Christi sie nicht beunruhigen und unfähig für die täglichen Pflichten machen sollte. Er hatte kein Verständnis für fromme Faulenzer.

Paulus drückt sein Anliegen in bezug auf seine Karriere geographisch aus: „Ich habe sonderlich meine Ehre darein gesetzt, das Evangelium zu predigen, wo Christi Name nicht bekannt war, auf daß ich nicht auf einen fremden Grund baute, sondern ich habe getan, wie geschrieben steht: Welchen nicht ist von ihm verkündigt, die sollen's sehen, und welche nicht gehört haben, sollen's verstehen“ (Röm. 15, 20. 21).

Man hat wohl gesagt, daß Paulus unter einer akuten geistlichen Klaustrophobie (Furcht vor geschlossenen Räumen) litt. Er war besessen von dem unstillbaren Verlangen, die Sache Christi voranzutreiben. Man konnte ihn nicht einsperren. Hatte der Herr nicht zu ihm gesagt, „Gehe hin; denn ich will dich ferne unter die Heiden senden“ (Apg. 22, 21)? Er hatte es sich zur Ehrensache gemacht, seinem Auftrag voll gerecht zu werden. Er war besessen von den „fernen Landen“; er war ein Weltbürger, für den es keinen Horizont gab. Für Paulus stellte eine noch nicht befriedigte Not eine unwiderstehliche Herausforderung dar. Korinth, Rom, Spanien – die äußersten Grenzen des römischen Reiches und der damals bekannten Welt: „Ich muß auch Rom sehen“ (Apg. 19, 21). „Ich werde nach Spanien reisen“ (Röm. 15, 24. 28). Hier und auch anderswo war er das Vorbild für die Kirche der nachfolgenden Jahrhunderte. Die Kirche unserer Zeit sollte bestrebt sein, jedes unbesetzte Gebiet zu besetzen. Welch edleres Ziel könnte man verfolgen, als die Welt mit der Erkenntnis Christi zu erfüllen? Ein ähnliches Streben hat die Vorstellungskraft und das Herz jedes großen Missionars entflammt.

Etwas ist verborgen. Suche es.
Suche hinter den Häuserreihen;
hinter den Häuserreihen wurde etwas verloren.
Verloren, und es wartet auf dich. Gehe!
Gott verbarg dieses Land,
bis er urteilte, daß sein Volk bereit sei.
Dann wählte er mich, seine Stimme zu sein.
Und ich habe es gefunden. Und es gehört dir.

Kipling

Es sollte noch gesagt werden, daß die Anliegen des Paulus

im Grunde selbstlos und auf Christus bezogen waren. Er war selber das beste Beispiel für seine Lehre von der uneigennützigen Liebe. Nach dem Beispiel des Paulus sagte Henry Martyn, daß es sein Wunsch sei, „sich nicht aus Raffgier oder Ehrgeiz oder Egoismus völlig zu verzehren, sondern daß er aufschauen wolle zu dem vollkommenen Brandopfer, um sich für Gott und seine Welt völlig hinzugeben“.

**Motive**

Ein solch verzehrendes Streben konnte sich nur entfachen aufgrund außergewöhnlich starker Motive. Der Apostel Paulus weist in einer Anzahl einzelner Aussagen in seinen Briefen hin auf die Faktoren, die seine missionarische Tätigkeit begründeten.

Das erste und stärkste Motiv war die Anziehungskraft der Liebe Christi: „Die Liebe Christi dringet mich“ (2. Kor. 5, 14). Die Liebe, die das widerspenstige Herz auf dem Weg nach Damaskus zähmte und gefangennahm, hielt ihn in ihrem unbestrittenen Dienst, bis er den Herrn Jesus, den er im Fleisch nie gesehen hatte, von Angesicht zu Angesicht schaute. Das war es, was ihn zu einem beispiellosen Sich-Abmühen und Leiden antrieb.

Daneben gab es auch das unentrinnbare Gefühl einer Schuldverpflichtung: „Ich bin ein Schuldner der Griechen und der Nichtgriechen, der Weisen und der Nichtweisen“ (Röm. 1, 14). Paulus hatte das echte Verlangen eines Missionars, seine persönlichen Erkenntnisse anderen weiterzugeben. Diese Verpflichtung gegenüber allen Menschen überwand alle rassischen Hindernisse und setzte sich über jeglichen kulturellen Unterschied hinweg. Paulus fühlte sich allen Menschen gegenüber gleichermaßen schuldig, da sich die Liebe und das Opfer Christi auf sie alle richtete und sie alle gerettet werden könnten. Gesellschaftliche Stellung, Reichtum, Armut und Analphabetentum waren ihm gleichermaßen unwichtig. Er mußte, koste es, was es wolle, seine Schuld begleichen.

## Vorteile

Als Jude, der das römische Bürgerrecht besaß und der in einer griechischen Stadt wohnte, war Paulus auf einzigartige Weise als Weltmissionar ausgerüstet. Er besaß die Tugenden aller drei Völker – den Wirklichkeitssinn der Römer, die geistige Beweglichkeit der Griechen und die Zähigkeit der Juden. Sein römisches Bürgerrecht allein befreite ihn von den Zwängen, die die meisten Missionssituationen heute kennzeichnen. Für einen römischen Staatsbürger gab es so etwas wie „Ausland“ nicht. Das lästige Problem, Ausländer zu sein, tauchte nie auf. Paulus reiste immer unter „der eigenen Fahne“. Überall im ganzen Reich gab es dieselbe Zivilisation. Es mußten weder soziale noch wirtschaftliche Hindernisse überwunden werden. Bei drei überlieferten Gelegenheiten hatte Paulus allen Grund, Gott für das römische Bürgerrecht zu danken (Apg. 16, 37; 25, 10; 27, 24).

Da er pharisäischer war als die Pharisäer, kannte Paulus die Feinheiten der jüdischen Position durch und durch, und er verfügte über das nötige Wissen, die Gesetzeseiferer aufgrund ihrer eigenen Schriften zu widerlegen. Da er sich sein Wissen „zu den Füßen Gamalies“ (Apg 22, 3), des bekanntesten Lehrers seiner Zeit, angeeignet hatte, konnte niemand seine Gelehrsamkeit oder Kenntnis des Gesetzes anfechten. Er war gleichermaßen bekannt mit den philosophischen Systemen seiner Zeit und konnte mit deren Anhängern auf deren eigenem Gebiet diskutieren.

Der Beruf des Zeltmachers, den Paulus als Junge erlernt hatte, versorgte ihn mit dem zum Leben Notwendigen und befreite ihn von dem Nachteil, den jungen Gemeinden zur Last fallen zu müssen. Er gab ihm auch die Freiheit, Ratschläge zu geben oder sogar zu tadeln. Der Druck, den finanzielle Verpflichtungen oft erzeugen, wurde auf diese Weise weggenommen.

## Behinderungen

Die erwähnten Vorteile waren Paulus bei seiner missionarischen Aufgabe sehr nützlich, aber andererseits hatte er unter einigen ernsten Behinderungen zu leiden. Das Bestreiten des eigenen Lebensunterhaltes – und manchmal auch des Lebensunterhaltes seiner Mitarbeiter – brachte es mit sich, daß der Apostel sich oft Tag und Nacht abmühte. Das Erstaunliche ist, daß er dennoch Zeit fand für ein wirksames missionarisches Zeugnis.

Sehr oft verfügte Paulus nicht über einen geeigneten Raum, wo er predigen konnte, denn er wurde bald als Unruhestifter aus den Synagogen ausgeschlossen. Er kannte den Schmerz, den die ablehnende Haltung mancher Mitarbeiter mit sich brachte: Barnabas, Demas, Hymenäus und Philetus, Phygelus und Hermogenes. Es machte das Maß seiner Traurigkeit voll, daß er schreiben mußte: „Alle, die in der Landschaft Asien sind, haben sich von mir abgewandt" (2. Tim. 1, 15).

Paulus wurde ständig belästigt von Irrlehrern und Gesetzeseiferern, die ihn auf seinen Reisen verfolgten und sein Werk zunichte zu machen suchten. Sie setzten seine Autorität herab und fochten sein Apostelamt an; sie brachten ihn dazu, sich zu verteidigen und seine göttliche Berufung unter Beweis zu stellen. Die Menschen, die durch ihn zum Glauben kamen, waren nicht immer standhaft. Physische Leiden schienen ein fester Bestandteil seines Lebens zu sein. Müdigkeit und Schmerzen, Hunger und Durst, Kälte und Nacktheit, Schläge und Gefängnis, Steinigung und Schiffbruch, Gefahren auf dem Land und auf der See waren Teil seiner Erfahrungen als Missionar (2. Kor. 11, 23-33).

Seine Haltung diesen Behinderungen und Leiden gegenüber war beispielhaft. Er erduldete sie nicht passiv – tatsächlich frohlockte er über sie (2. Kor. 12, 9). Er war weit davon entfernt, sie als lauter Trübsale zu betrachten; vielmehr verstand er sie als Mittel gegen die Überheblichkeit (2. Kor. 12, 7). Sie waren für ihn Kanäle des Segens, denn Gott tat etwas viel Besseres, als sie zu entfernen: Gott gab Paulus so viel Gnade, daß er sie erfolgreich ertragen konnte (2. Kor. 12, 9). Sie waren sogar Anlaß zum Rühmen und Sich-Freuen: „Darum bin ich guten Mutes in Schwachheit, in Mißhandlungen, in Nöten, in Verfolgungen, in Ängsten um Christi willen; denn wenn ich schwach bin, bin ich stark" (2. Kor. 12, 10).

## Führung

Obwohl Paulus bei seiner Bekehrung dem Ruf Gottes in die Mission freudig gefolgt war, begann seine Laufbahn als Missionar erst, nachdem er einige Jahre später für längere Zeit in der Gemeinde von Antiochien gearbeitet hatte. Die dortige

Gemeinde war kosmopolitisch und hatte Führer, die zu unterschiedlichen Völkern gehörten. Während nun diese Führer beteten und fasteten, redete der Heilige Geist zu ihnen: „Sondert mir aus Barnabas und Saulus zu dem Werk, dazu ich sie berufen habe“ (Apg. 13, 2).

Paulus begann seine missionarische Laufbahn erst, nachdem seine Berufung von der Ortsgemeinde, mit der er verbunden war, bestätigt worden war und anschließend auch von ihr bejaht wurde. „Da fasteten sie und beteten und legten die Hände auf sie und ließen sie ziehen“ (Apg. 13, 3). Die kollektive Führung der Gemeindeleiter bestätigte auch die persönliche Führung des Glauben. Die Gemeinde zu Antiochien gab ein Beispiel, das es verdient, daß andere Gemeinden es nachvollziehen. Es wäre von großer Bedeutung sowohl für die Gemeinde wie für den Missionar, wenn die Berufung des letzteren von den führenden Männern der Gemeinde, mit der er verbunden ist, bestätigt würde.

Es ist auch bedeutsam, daß Paulus eine Zeitlang zusammen mit einem erfahreneren Mitarbeiter seinen Dienst tat in der Gemeinde, die sie beide aussandte; und er tat dies nicht nur während der ersten Zeit seiner missionarischen Tätigkeit, sondern auch noch während eines Teils der zweiten Missionsreise. Aber unter welch einem älteren Missionar arbeitete er – unter Barnabas, dem Sohn des Trostes! Zweifellos übte dieser fromme Mann während dieser Trainingszeit einen starken Einfluß auf Paulus aus. Es gab bei Barnabas kein Zeichen von Eifersucht, als sein „Schüler“ ihm den Rang ablief, was früher oder später unvermeidlich wurde, und die Leitung des Teams übernahm.

Den Ruf aus Mazedonien sollte man nicht für das Beispiel eines ersten Missionsrufes halten, sondern vielmehr für ein Beispiel der Methode Gottes, einem Menschen, der dem grundlegenden Ruf bereits gefolgt war, die Richtung in ein bestimmtes Arbeitsgebiet zu weisen. Es war der Heilige Geist, der die Zeit und den Ort seines Dienstes wählte: „Ihnen ward vom Heiligen Geist gewehrt, zu reden das Wort in der Landschaft Asien ... Sie versuchten, nach Bithynien zu reisen; und der Geist Jesu ließ es ihnen nicht zu“ (Apg. 16, 6. 7). Asien und Bithynien hörten das Wort später, aber zu diesem Zeitpunkt war es die Strategie Gottes, daß die Botschaft nach Westen getragen wurde. Europa war reif für die Ernte. Paulus, der empfänglich war für die Führung des Geistes, reagierte auf das Haltesignal und setzte die Reise nicht nach eigenem Gutdünken fort. Statt dessen wich er nach Troas aus, um im Gebet und im Gespräch mit seinen Mitarbeitern herauszufinden, was der geographische Wille Gottes war. Von seinem Gehorsam hingen weitreichende Auswirkungen ab.

Paulus hatte die Vision des Mannes aus Mazedonien, *nachdem* er der Großen Berufung (Matth, 28, 19-20) gehorcht hatte. Die Vision war nur ein Element in seiner Führung. Er hatte den ersten Befehl ausgeführt und streckte sich jetzt aus nach dem großen Gott. Selbst nach der Vision überprüfte Paulus seine Führung zusammen mit seinen Kollegen, bis alle durch den Heiligen Geist eines Sinnes waren: „(Wir waren) gewiß, daß uns Gott dahin berufen hätte, ihnen das Evangelium zu predigen" (Apg. 16, 10). Bevor er sich nach Mazedonien einschiffte, vergewisserte sich Paulus also, daß die Vision mit dem Wort Gottes übereinstimmte, daß sie von dem Heiligen Geist beglaubigt und von seinen Brüdern akzeptiert wurde und daß er sie auch selber als richtig anerkennen konnte. Die doppelte Überprüfung der Führung rettete ihn vor der Verzweiflung, als er in Philippi unfreundlich empfangen und mit blutigem Rücken ins Gefängnis geworfen wurde.

## Methoden

Als Paulus dem Ruf nach Mazedonien folgte und europäischen Boden betrat, setzte er eine missionarische Bewegung in Gang, die die ganze Welt umfaßte. Die Methoden, die er unter der Führung des Heiligen Geistes anwandte, sind ein Modell geworden, das bei seiner Anwendung in den nachfolgenden Jahrhunderten ähnliche Ergebnisse hervorbrachte.

Die Apostelgeschichte, das erste Handbuch für die Mission, ist sowohl eine Missionsgeschichte wie eine Missionsphilosophie. Sie enthält vielfältige Berichte typischer Szenen und Ereignisse aus der Mission und gibt auf diese Weise wertvolle Hinweise für die Durchführung der Missionsarbeit in jedem Jahrhundert. Sie berichtet ebenso sachlich über Versagen, wie sie Prinzipien mitteilt und Methoden aufzeigt. Sie ist Gottes Erläuterung zu den Problemen, die es bei der Weltevangelisation gibt. Bezeichnenderweise umfaßt das Buch eine Periode von dreiunddreißig Jahren, die durchschnittliche Zeit einer Generation, und es wurde die Vermutung geäußert, daß Gott am Anfang des neuen Zeitalters zeigen wollte, was eine erbärmlich schwache Gruppe von Männern und Frauen in einer Lebenszeit erreichen könnte. Der Vergleich dieses geisterfüllten Berichtes mit der Missionssituation von heute zeigt, wie sich bei allen Völkern die grundlegenden Probleme erstaunlich wenig verändert haben.

Beweglich, wie er war, paßte Paulus seine Taktik seiner Globalstrategie an. Ein Überblick über seine Aktivitäten zeigt, daß er sich in zunehmendem Maße auf die großen Städte konzentrierte, denn er wußte, daß die Städte die Kultur und die Gewohnheiten der Menschen am meisten beeinflussen. Er versuchte, sowohl die einflußreichsten wie die unterprivilegierten Menschen mit dem Evangelium zu erreichen. Auf diese Weise sicherte er das beständige Wachstum der Gemeinde. Paulus erwartete, daß jeder Gläubige sich als ein Zentrum für die Verbreitung des Evangeliums betrachtete.

Paulus begann einen ausgedehnten evangelistischen Reisedienst, verbunden mit einer intensiven Evangelisation von Mann zu Mann, wobei er immer das Ziel hatte, neue Gebiete unter die Herrschaft Christi zu bringen (Röm. 15, 19-20). Er machte deutlich, daß die drei Trennungslinien, unter denen die vorchristliche Welt so sehr zu leiden hatte, in Christus aufgehoben worden waren (Gal. 3, 28). Das Evangelium galt allen Rassen, Klassen und Geschlechtern. Seine Aussage, daß er „allen Menschen alles geworden“ sei (1. Kor. 9, 22), war keine eitle Prahlerei.

Aber die reine Evangelisation befriedigte ihn nicht. Es war nicht seine Erkenntnis, daß er selber die Welt evangelisieren sollte, sondern daß Gott dies durch die Gemeinden tun wollte, bei deren Gründung er, Paulus, das Werkzeug war. Unter der Führung des Heiligen Geistes entdeckte er Männer und Frauen, die offen waren für die Wahrheit. Auf ihr Glaubensbekenntnis hin sammelte er sie in einer selbständigen Gemeinde mit einer einfachen und beweglichen Organisation (Apg. 14, 23; Tit. 1,5). Es genügte ihm nicht, Menschen zum Glauben zu führen, und dann wieder weiterzureisen. Sein Ziel war es, bleibende Einrichtungen zu schaffen, von wo aus die Botschaft weitergetragen werden konnte. Zu diesem Zweck befleißigte er sich, die ganze Wahrheit von Gott zumindest anfangsweise darzulegen (Apg. 20, 25-27).

Nachdem einmal solche Gemeinden gegründet worden waren, blieb er fortwährend mit ihnen in Kontakt – durch einen persönlichen Brief, durch einen Besuch oder durch das Senden eines Mitarbeiters, um sie zu ermutigen und sie in ihrem Zeugnis zu unterstützen. Sein Leben war so eng mit dem ihren verbunden, daß er von einer Gemeinde sagte: „Nun sind wir wieder lebendig, wenn ihr fest stehet in dem Herrn" (1. Thess. 3, 8). So groß war seine Liebe.

Paulus predigte ein weltumfassendes Evangelium – die Allgemeinheit der Sünde und die Allgenügsamkeit des Kreuzes (Röm. 1, 3-5; 3, 29. 30; 5, 7. 8). Er betonte die absolute Weltherrschaft Christi und seinen weltumgreifenden Sieg (1. Kor. 1,24; Phil. 2, 9-11). Das große Spektrum der Lehre, die den Philippern schon in der ersten Zeit nach ihrer Bekehrung gegeben wurde, ist beeindruckend. Wenn man daran denkt, daß Paulus wahrscheinlich weniger als einen Monat bei dieser Gemeinde war, ist das lehrmäßige Gebiet, das bewältigt wurde, einfach erstaunlich.

Paulus weigerte sich resolut, die ganze Last der Verantwortung für das Verhalten der Gemeinden, die er gründete, auf seine eigenen Schultern zu nehmen. Er verstand es sehr gut, Verantwortung an jene weiterzugeben, die weniger befähigt waren, sie zu tragen, als er selber. Paulus ging so vor, daß er andere ausbildete und sie dann arbeiten ließ. Seine Mitarbeiter waren oft anderer Rasse und Herkunft. Er setzte ihre Bereitschaft voraus, helfen zu wollen, und daß er solches ohne weiteres von ihnen erwartete, ermutigte sie zur Mithilfe. Er schaute sich nach vielversprechenden jungen Männern um, lehrte sie und übertrug ihnen verantwortungsvolle Ämter (Apg. 16, 1-4; Eph. 6, 21-22; Phil. 4, 3).

Seine überragende Fähigkeit, Freundschaft zu pflegen, band seine Mitarbeiter an ihn, und die Gewißheit, von ihm unterstützt zu werden, stärkte sie. So konnten sie den Schwierigkeiten begegnen, in die sie durch ihre Jugend und Unerfahrenheit gerieten. Er bot ihnen keinen finanziellen Anreiz und war selber ein Beispiel für aufopfernden Dienst. Während er im allgemeinen keine Unterstützung annahm, begrüßte er dankbar die Gastfreundschaft. Aus diesem Grunde war er frei, die Gemeinden in hohem Maße zu opferbereitem Geben aufzufordern. Er legte den Menschen, die durch ihn zum Glauben kamen, keinen Maßstab an, der geringer war als sein eigener.

Welch ein Mann und welch ein Missionar! Paulus hat die

Bewertung, die Dean Farrar ihm und seinen Fähigkeiten gab, reichlich verdient. Farrar sagte: „Paulus war energisch wie Petrus und kontemplativ wie Johannes; Paulus war der Held der Selbstlosigkeit; Paulus war der große Verfechter der religiösen Freiheit; Paulus war ein größerer Prediger als Chrysostomus, ein größerer Missionar als Xavier; ein größerer Reformator als Luther und ein größerer Theologe als Thomas von Aquin. Paulus war der von Gottes Geist erfüllte Apostel der Heiden, der Sklave des Herrn Jesus Christus."

**Vom gleichen Autor ist erschienen:**

*Oswald Sanders*
**Menschen wie du und ich**
*Zwanzig Kurzbiographien biblischer Personen*
TELOS-Taschenbuch Nr. 1166, Ppb., 196 Seiten
Man kann von den „unbedeutenderen" Bibelgestalten ebensoviel lernen wie von den Glaubensriesen der Vergangenheit. Sie stehen uns auch viel näher. J. Oswald Sanders, Autor vieler bekannter Bücher, hat in diesem Buch eine große Vielfalt von biblischen Persönlichkeiten dargestellt: Er befaßt sich u. a. mit Noah und Hiob, aber auch mit Usia, Jephta und Apollos, mit Rahab und Andreas.

**Weitere Bücher im Verlag der Liebenzeller Mission (Auswahl):**

*Marius Baar*
**Nahost – Auftakt zu Weltbrand oder Weltfrieden?**
*Erbschaftsstreit zwischen Ismael und Isaak um Volk, Land und Segen*
EDITION C Nr. C 130, Ppb., 322 Seiten
Fast täglich liest und hört man von dramatischen Ereignissen im Nahen Osten. Aber es ist schwierig, dies in eine Gesamtschau der Bibel und ihrer Prophetie einzuordnen. Hier kann dieses Buch eine wesentliche Hilfe bieten. Die Erfüllung der Prophetie ist letztlich eine Folge des Ungehorsams und der Halsstarrigkeit, der gesamten Menschheit gegenüber, der die Prophetie gegeben hat.

*Marius Baar*
**Tschad – Land ohne Hoffnung?**
*Erlebnisbericht einer 25jährigen Aufbauarbeit im Dangaleat-Stamm*
EDITION C Nr. C 188, Ppb., 192 Seiten
Dies ist der packende Bericht vom Beginn der Arbeit im Tschad in den fünfziger Jahren unter abenteuerlichen Umständen und die Fortführung durch die Jahrzehnte hindurch.

*Janice Barfield*
**. . . der das Unmögliche möglich macht**
*Erlebnisse und Erfahrungen einer Stewardeß in Beruf und Alltag*
EDITION C Nr. C 187, Ppb., 128 Seiten
Dieses Buch schildert den vielfältigen, für Außenstehende faszinierenden Alltag einer Stewardeß. Doch es hat mehr zum Inhalt als die persönlichen Erlebnisse eines Mitglieds des fliegenden Personals. Es ist die Geschichte einer tapferen jungen Frau, die aufrichtig ihren Glauben im Alltag leben möchte.

*Kurt Heimbucher/Traugott Thoma (Hrsg.)*
**Diener Jesu Christi**
*Bekannte Persönlichkeiten berichten aus ihrem Leben*
*Mit Beiträgen von Kurt Heimbucher, Dr. Gerhard Bergmann (von Traugott Thoma), Wilhelm Busch, Paul Deitenbeck, Konrad Eißler, D. Fritz Grünzweig, Heinrich Kemner, Prof. D. Dr. Adolf Köberle, Dr. Heiko Krimmer, Ernst Krupka, Prof. Dr. Hans Rohrbach, Leonhard Roth, Paul Walter Schäfer, Willy Scheyhing, Erich Schnepel, Ernst Vatter*
EDITION C Nr. C 133, Ppb., 144 Seiten
Siebzehn führende christliche Persönlichkeiten kommen hier zu Wort: Jedem der einzelnen Beiträge merkt man seine originelle, prägende Ausdrucksweise an. So entstand ein lebendiges, mutmachendes und glaubensstärkendes Buch, das davon Zeugnis gibt, wie Glauben heute im praktischen Leben erfahren wird.

*Kurt Heimbucher/Traugott Thoma (Hrsg.)*
**Göttliche Führung**
*Bekannte Persönlichkeiten erzählen aus ihrem Leben*
*Mit Beiträgen von und über E. Busch, E. Decker, E. Dreisbach, C. Eichhorn, G. Engelhard, H. Findeisen, A. Gajan, M. Holland, D. Jaffin, W. Mann, E. Ostermann, A. Pagel, G. Peters, C. Pfeiffer, E. Scholz, W. Weiland, B. Wetzel*
EDITION C Nr. C 191, Ppb., 140 Seiten
Dieses Buch faßt ein großes Bündel Lebenserfahrungen zusammen – und das von Menschen, die vielen bekannt geworden sind.